William A. Leary

Leary's Reckoner and Coin Book

William A. Leary

Leary's Reckoner and Coin Book

ISBN/EAN: 9783742891105

Manufactured in Europe, USA, Canada, Australia, Japa

Cover: Foto ©ninafisch / pixelio.de

Manufactured and distributed by brebook publishing software (www.brebook.com)

William A. Leary

Leary's Reckoner and Coin Book

LEARY'S RECKONER

AND

COIN-BOOK;

CONTAINING SPECIMENS OF

TWO HUNDRED AND FORTY-FOUR COINS,

WITH THEIR VALUE.

TO WHICH IS ADDED,

FORMS

OF

NOTES, BILLS, RECEIPTS, PETITIONS, LEASES, ETC.

ALSO

TABLES OF INTEREST,

FROM

ONE TO TWELVE THOUSAND DOLLARS.

TABLES OF WAGES,

FROM ONE FOURTH OF A DAY UPWARDS.

PHILADELPHIA:
PUBLISHED BY
McDOWELL & BENNETT,
BOOKSELLERS AND STATIONERS,
No. 255 MARKET STREET.

PREFACE.

This edition of the Ready Reckoner, is one of the most complete ever offered to the public. It shows readily, at one view, the value of any number of feet, yards, gallons, pounds, &c., of any article, from 1 to 225, at rates ranging from one quarter of a cent up to 5 dollars, in so plain and easy a manner, that a person may, by looking at the head of the page for the given price, and at the column on the side for the number wanted, tell with the utmost accuracy the amount of value required.

In order to render this little work more valuable to Farmers, Manufacturers, Tradesmen, and Mechanics, there is added a Table, showing at one view a rate of wages, from one quarter of a day to twenty-six; from one dollar per week, to nine dollars and fifty cents; together with variety of forms of Notes, Bills, Receipts, Petitions, &c., which no person in business ought to be without.

PREFACE.

The following examples are given, to illustrate still more clearly the proper method of consulting the Tables:

Suppose you want to know what 33 bushels of corn, or a like number of any thing, would come to, at 67 cents per bushel;—by referring to page 92, (marked at the bottom thereof,) and passing your eye over the numbers in the left-hand column until you come to 33, you will find opposite, and immediately in connexion, $22.11, the sum required.

Again: What would 27 yards cost, at three five-penny-bits (or three sixteenths of a dollar)? By looking at the left-hand column, and the top, for the proper numbers, I find the answer to be 5 dollars, $6\frac{1}{4}$ cents.

At ¼ Cent.

No.	Dols. Cts.	No.	Dols. Cts.	No.	Dols. Cts.
1	.¼	36	.9	71	.17¾
2	.½	37	.9¼	72	.18
3	.¾	38	.9½	73	.18¼
4	.1	39	.9¾	74	.18½
5	.1¼	40	.10	75	.18¾
6	.1½	41	.10¼	76	.19
7	.1¾	42	.10½	77	.19¼
8	.2	43	.10¾	78	.19½
9	.2¼	44	.11	79	.19¾
10	.2½	45	.11¼	80	.20
11	.2¾	46	.11½	81	.20¼
12	.3	47	.11¾	82	.20½
13	.3¼	48	.12	83	.20¾
14	.3½	49	.12¼	84	.21
15	.3¾	50	.12½	85	.21¼
16	.4	51	.12¾	86	.21½
17	.4¼	52	.13	87	.21¾
18	.4½	53	.13¼	88	.22
19	.4¾	54	.13½	89	.22¼
20	.5	55	.13¾	90	.22½
21	.5¼	56	.14	91	.22¾
22	.5½	57	.14¼	92	.23
23	.5¾	58	.14½	93	.23¼
24	.6	59	.14¾	94	.23½
25	.6¼	60	.15	95	.23¾
26	.6½	61	.15¼	96	.24
27	.6¾	62	.15½	97	.24¼
28	.7	63	.15¾	98	.24½
29	.7¼	64	.16	99	.24¾
30	.7½	65	.16¼	100	.25
31	.7¾	66	.16½	200	.50
32	.8	67	.16¾	300	.75
33	.8¼	68	.17	400	1.
34	.8½	69	.17¼	500	1.25
35	.8¾	70	.17½	1000	2.50

At ½ Cent.

No.	Dols. Cts.	No.	Dols. Cts.	No.	Dols. Cts.
1	.½	36	.18	71	.35½
2	.1	37	.18½	72	.36
3	.1½	38	.19	73	.36½
4	.2	39	.19½	74	.37
5	.2½	40	.20	75	.37½
6	.3	41	.20½	76	.38
7	.3½	42	.21	77	.38½
8	.4	43	.21½	78	.39
9	.4½	44	.22	79	.39½
10	.5	45	.22½	80	.40
11	.5½	46	.23	81	.40½
12	.6	47	.23½	82	.41
13	.6½	48	.24	83	.41½
14	.7	49	.24½	84	.42
15	.7½	50	.25	85	.42½
16	.8	51	.25½	86	.43
17	.8½	52	.26	87	.43½
18	.9	53	.26½	88	.44
19	.9½	54	.27	89	.44½
20	.10	55	.27½	90	.45
21	.10½	56	.28	91	.45½
22	.11	57	.28½	92	.46
23	.11½	58	.29	93	.46½
24	.12	59	.29½	94	.47
25	.12½	60	.30	95	.47½
26	.13	61	.30½	96	.48
27	.13½	62	.31	97	.48½
28	.14	63	.31½	98	.49
29	.14½	64	.32	99	.49½
30	.15	65	.32½	100	.50
31	.15½	66	.33	200	1.00
32	.16	67	.33½	300	1.50
33	.16½	68	.34	400	2.00
34	.17	69	.34½	500	2.50
35	.17½	70	.35	1000	5.00

No.	Dols. Cts.	No.	Dols. Cts.	No.	Dols. Cts.
1	.1	36	.36	71	.71
2	.2	37	.37	72	.72
3	3	38	.38	73	.73
4	4	39	39	74	.74
5	.5	40	.40	75	.75
6	.6	41	.41	76	.76
7	.7	42	.42	77	.77
8	.8	43	.43	78	.78
9	9	44	.44	79	.79
10	10	45	.45	80	.80
11	11	46	.46	81	.81
12	.12	47	.47	82	.82
13	.13	48	.48	83	.83
14	.14	49	.49	84	.84
15	.15	50	.50	85	.85
16	.16	51	.51	86	.86
17	.17	52	.52	87	.87
18	.18	53	.53	88	88
19	.19	54	.54	89	.89
20	.20	55	.55	90	.90
21	.21	56	.56	91	.91
22	.22	57	.57	92	.92
23	.23	58	.58	93	.93
24	.24	59	.59	94	.94
25	.25	60	.60	95	.95
26	.26	61	.61	96	96
27	.27	62	.62	97	.97
28	.28	63	.63	98	.98
29	.29	64	.64	99	.99
30	.30	65	65	100	1.00
31	.31	66	.66	200	2.00
32	.32	67	.67	300	3.00
33	.33	68	.68	400	4.00
34	.34	69	.69	500	5.00
35	.35	70	.70	1000	10.00

At 1½ Cent.

No.	Dols. Cts.	No.	Dols. Cts.	No.	Dols. Cts.
1	.1½	36	.54	71	1.6½
2	.3	37	.55½	72	1.8
3	.4½	38	.57	73	1.9½
4	.6	39	.58½	74	1.11
5	.7½	40	.60	75	1.12½
6	.9	41	.61½	76	1.14
7	.10½	42	.63	77	1.15½
8	.12	43	.64½	78	1.17
9	.13½	44	.66	79	1.18½
10	.15	45	.67½	80	1.20
11	.16½	46	.69	81	1.21½
12	.18	47	.70½	82	1.23
13	.19½	48	.72	83	1.24½
14	.21	49	.73½	84	1.26
15	.22½	50	.75	85	1.27½
16	.24	51	.76½	86	1.29
17	.25½	52	.78	87	1.30½
18	.27	53	.79½	88	1.32
19	.28½	54	.81	89	1.33½
20	.30	55	.82½	90	1.35
21	.31½	56	.84	91	1.36½
22	.33	57	.85½	92	1.38
23	.34½	58	.87	93	1.39½
24	.36	59	.88½	94	1.41
25	.37½	60	.90	95	1.42½
26	.39	61	.91½	96	1.44
27	.40½	62	93	97	1.45½
28	.42	63	.94½	98	1.47
29	.43½	64	.96	99	1.48½
30	.45	65	.97½	100	1.50
31	.46½	66	.99	200	3.
32	.48	67	1. ½	300	4.50
33	.49½	68	1. 2	400	6.
34	.51	69	1. 3½	500	7.50
35	.52½	70	1. 5	1000	15.

At 2 Cents.

No.	Dols. Cts.	No.	Dols. Cts.	No.	Dols. Cts.
1	.2	36	.72	71	1.42
2	.4	37	.74	72	1.44
3	.6	38	.76	73	1.46
4	.8	39	.78	74	1.48
5	.10	40	.80	75	1.50
6	.12	41	.82	76	1.52
7	.14	42	.84	77	1.54
8	.16	43	.86	78	1.56
9	.18	44	.88	79	1.58
10	.20	45	90	80	1.60
11	.22	46	92	81	1.62
12	.24	47	.94	82	1.64
13	.26	48	.96	83	1.66
14	.28	49	.98	84	1.68
15	.30	50	1.	85	1.70
16	.32	51	1.2	86	1.72
17	.34	52	1.4	87	1.74
18	.36	53	1.6	88	1.76
19	.38	54	1.8	89	1.78
20	.40	55	1.10	90	1.80
21	.42	56	1.12	91	1.82
22	.44	57	1.14	92	1.84
23	.46	58	1.16	93	1.86
24	.48	59	1.18	94	1.88
25	.50	60	1.20	95	1.90
26	.52	61	1.22	96	1.92
27	.54	62	1.24	97	1.94
28	.56	63	1.26	98	1.96
29	.58	64	1.28	99	1.98
30	.60	65	1.30	100	2.
31	.62	66	1.32	200	4.
32	.64	67	1.34	300	6.
33	.66	68	1.36	400	8.
34	.68	69	1.38	500	10.
35	.70	70	1.40	1000	20.

At 2½ Cents.

No.	Dols. Cts.	No.	Dols. Cts.	No.	Dols. Cts.
1	.2½	36	.90	71	1.77½
2	.5	37	.92½	72	1.80
3	.7½	38	.95	73	1.82½
4	.10	39	.97½	74	1.85
5	.12½	40	1.	75	1.87½
6	.15	41	1. 2½	76	1.90
7	.17½	42	1. 5	77	1.92½
8	.20	43	1. 7½	78	1.95
9	.22½	44	1.10	79	1.97½
10	.25	45	1.12½	80	2.
11	.27½	46	1.15	81	2. 2½
12	.30	47	1.17½	82	2. 5
13	.32½	48	1.20	83	2. 7½
14	.35	49	1.22½	84	2.10
15	.37½	50	1.25	85	2.12½
16	.40	51	1.27½	86	2.15
17	.42½	52	1.30	87	2.17½
18	.45	53	1.32½	88	2.20
19	.47½	54	1.35	89	2.22½
20	.50	55	1.37½	90	2.25
21	.52½	56	1.40	91	2.27½
22	.55	57	1.42½	92	2.30
23	.57½	58	1.45	93	2.32½
24	.60	59	1.47½	94	2.35
25	.62½	60	1.50	95	2.37½
26	.65	61	1.52½	96	2.40
27	.67½	62	1.55	97	2.42½
28	.70	63	1.57½	98	2.45
29	.72½	64	1.60	99	2.47½
30	.75	65	1.62½	100	2.50
31	.77½	66	1.65	200	5.
32	.80	67	1.67½	300	7.50
33	.82½	68	1.70	400	10.
34	.85	69	1.72½	500	12.50
35	.87½	70	1.75	1000	25.

At 3 Cents.

No.	Dols. Cts.	No.	Dols. Cts.	No.	Dols. Cts.
1	.3	36	1.8	71	2.13
2	.6	37	1.11	72	2.16
3	.9	38	1.14	73	2.19
4	.12	39	1.17	74	2.22
5	.15	40	1.20	75	2.25
6	.18	41	1.23	76	2.28
7	.21	42	1.26	77	2.31
8	.24	43	1.29	78	2.34
9	.27	44	1.32	79	2.37
10	.30	45	1.35	80	2.40
11	.33	46	1.38	81	2.43
12	.36	47	1.41	82	2.46
13	.39	48	1.44	83	2.49
14	.42	49	1.47	84	2.52
15	.45	50	1.50	85	2.55
16	.48	51	1.53	86	2.58
17	.51	52	1.56	87	2.61
18	.54	53	1.59	88	2.64
19	.57	54	1.62	89	2.67
20	.60	55	1.65	90	2.70
21	.63	56	1.68	91	2.73
22	.66	57	1.71	92	2.76
23	.69	58	1.74	93	2.79
24	.72	59	1.77	94	2.82
25	.75	60	1.80	95	2.85
26	.78	61	1.83	96	2.88
27	.81	62	1.86	97	2.91
28	.84	63	1.89	98	2.94
29	.87	64	1.92	99	2.97
30	.90	65	1.95	100	3.
31	.93	66	1.98	200	6.
32	.96	67	2.1	300	9.
33	.99	68	2.4	400	12.
34	1.2	69	2.7	500	15.
35	1.5	70	2.10	1000	30.

At 3½ Cents.

No.	Dols. Cts.	No.	Dols. Cts.	No.	Dols. Cts.
1	.3½	36	1.26	71	2.48½
2	.7	37	1.29½	72	2.52
3	.10½	38	1.33	73	2.55½
4	.14	39	1.36½	74	2.59
5	.17½	40	1.40	75	2.62½
6	.21	41	1.43½	76	2.66
7	.24½	42	1.47	77	2.69½
8	.28	43	1.50½	78	2.73
9	.31½	44	1.54	79	2.76½
10	.35	45	1.57½	80	2.80
11	.38½	46	1.61	81	2.83½
12	.42	47	1.64½	82	2.87
13	.45½	48	1.68	83	2.90½
14	.49	49	1.71½	84	2.94
15	.52½	50	1.75	85	2.97½
16	.56	51	1.78½	86	3.1
17	.59½	52	1.82	87	3.4½
18	.63	53	1.85½	88	3.8
19	.66½	54	1.89	89	3.11½
20	.70	55	1.92½	90	3.15
21	.73½	56	1.96	91	3.18½
22	.77	57	1.99½	92	3.22
23	.80½	58	2.3	93	3.25½
24	.84	59	2.6½	94	3.29
25	.87½	60	2.10	95	3.32½
26	.91	61	2.13½	96	3.36
27	.94½	62	2.17	97	3.39½
28	.98	63	2.20½	98	3.43
29	1.1½	64	2.24	99	3.46½
30	1.5	65	2.27½	100	3.50
31	1.8½	66	2.31	200	7.
32	1.12	67	2.34½	300	10.50
33	1.15½	68	2.38	400	14.
34	1.19	69	2.41½	500	17.50
35	1.22½	70	2.45	1000	35.

At 4 Cents.

No.	Dols. Cts.	No.	Dols. Cts.	No.	Dols. Cts.
1	.4	36	1.44	71	2.84
2	.8	37	1.48	72	2.88
3	.12	38	1.52	73	2.92
4	.16	39	1.56	74	2.96
5	.20	40	1.60	75	3.
6	.24	41	1.64	76	3.4
7	.28	42	1.68	77	3.8
8	.32	43	1.72	78	3.12
9	.36	44	1.76	79	3.16
10	.40	45	1.80	80	3.20
11	.44	46	1.84	81	3.24
12	.48	47	1.88	82	3.28
13	.52	48	1.92	83	3.32
14	.56	49	1.96	84	3.36
15	.60	50	2.	85	3.40
16	.64	51	2.4	86	3.44
17	.68	52	2.8	87	3.48
18	.72	53	2.12	88	3.52
19	.76	54	2.16	89	3.56
20	.80	55	2.20	90	3.60
21	.84	56	2.24	91	3.64
22	.88	57	2.28	92	3.68
23	.92	58	2.32	93	3.72
24	.96	59	2.36	94	3.76
25	1.	60	2.40	95	3.80
26	1.4	61	2.44	96	3.84
27	1.8	62	2.48	97	3.88
28	1.12	63	2.52	98	3.92
29	1.16	64	2.56	99	3.96
30	1.20	65	2.60	100	4.
31	1.24	66	2.64	125	5.
32	1.28	67	2.68	150	6.
33	1.32	68	2.72	175	7.
34	1.36	69	2.76	200	8.
35	1.40	70	2.80	225	9.

At 4½ Cents.

No.	Dols. Cts.	No.	Dols. Cts.	No.	Dols. Cts.
1	.4½	36	1.62	71	3.19½
2	.9	37	1.66½	72	3.24
3	.13½	38	1.71	73	3.28½
4	.18	39	1.75½	74	3.33
5	.22½	40	1.80	75	3.37½
6	.27	41	1.84½	76	3.42
7	.31½	42	1.89	77	3.46½
8	.36	43	1.93½	78	3.51
9	.40½	44	1.98	79	3.55½
10	.45	45	2.2½	80	3.60
11	.49½	46	2.7	81	3.64½
12	.54	47	2.11½	82	3.69
13	.58½	48	2.16	83	3.73½
14	.63	49	2.20½	84	3.78
15	.67½	50	2.25	85	3.82½
16	.72	51	2.29½	86	3.87
17	.76½	52	2.34	87	3.91½
18	.81	53	2.38½	88	3.96
19	.85½	54	2.43	89	4.½
20	.90	55	2.47½	90	4.5
21	.94½	56	2.52	91	4.9½
22	.99	57	2.56½	92	4.14
23	1.3½	58	2.61	93	4.18½
24	1.8	59	2.65½	94	4.23
25	1.12½	60	2.70	95	4.27½
26	1.17	61	2.74½	96	4.32
27	1.21½	62	2.79	97	4.36½
28	1.26	63	2.83½	98	4.41
29	1.30½	64	2.88	99	4.45½
30	1.35	65	2.92½	100	4.50
31	1.39½	66	2.97	125	5.62½
32	1.44	67	3.1½	150	6.75
33	1.48½	68	3.6	175	7.87½
34	1.53	69	3.10½	200	9.
35	1.57½	70	3.15	225	10.12½

At 5 Cents.

No.	Dols. Cts.	No.	Dols. Cts.	No.	Dols. Cts.
1	.5	36	1.80	71	3.55
2	.10	37	1.85	72	3.60
3	.15	38	1.90	73	3.65
4	.20	39	1.95	74	3.70
5	.25	40	2.	75	3.75
6	.30	41	2.5	76	3.80
7	.35	42	2.10	77	3.85
8	.40	43	2.15	78	3.90
9	.45	44	2.20	79	3.95
10	.50	45	2.25	80	4.
11	.55	46	2.30	81	4.5
12	.60	47	2.35	82	4.10
13	.65	48	2.40	83	4.15
14	.70	49	2.45	84	4.20
15	.75	50	2.50	85	4.25
16	.80	51	2.55	86	4.30
17	.85	52	2.60	87	4.35
18	.90	53	2.65	88	4.40
19	.95	54	2.70	89	4.45
20	1.	55	2.75	90	4.50
21	1.5	56	2.80	91	4.55
22	1.10	57	2.85	92	4.60
23	1.15	58	2.90	93	4.65
24	1.20	59	2.95	94	4.70
25	1.25	60	3.	95	4.75
26	1.30	61	3.5	96	4.80
27	1.35	62	3.10	97	4.85
28	1.40	63	3.15	98	4.90
29	1.45	64	3.20	99	4.95
30	1.50	65	3.25	100	5.
31	1.55	66	3.30	125	6.25
32	1.60	67	3.35	150	7.50
33	1.65	68	3.40	175	8.75
34	1.70	69	3.45	200	10.
35	1.75	70	3.50	225	11.25

At 5½ Cents.

No.	Dols. Cts.	No.	Dols. Cts.	No.	Dols. Cts.
1	.5½	36	1.98	71	3.90½
2	.11	37	2.3½	72	3.96
3	.16½	38	2.9	73	4.1½
4	.22	39	2.14½	74	4.7
5	.27½	40	2.20	75	4.12½
6	.33	41	2.25½	76	4.18
7	.38½	42	2.31	77	4.23½
8	.44	43	2.36½	78	4.29
9	.49½	44	2.42	79	4.34½
10	.55	45	2.47½	80	4.40
11	.60½	46	2.53	81	4.45½
12	.66	47	2.58½	82	4.51
13	.71½	48	2.64	83	4.56½
14	.77	49	2.69½	84	4.62
15	.82½	50	2.75	85	4.67½
16	.88	51	2.80½	86	4.73
17	.93½	52	2.86	87	4.78½
18	.99	53	2.91½	88	4.84
19	1.4½	54	2.97	89	4.89½
20	1.10	55	3.2½	90	4.95
21	1.15½	56	3.8	91	5.½
22	1.21	57	3.13½	92	5.6
23	1.26½	58	3.19	93	5.11½
24	1.32	59	3.24½	94	5.17
25	1.37½	60	3.30	95	5.22½
26	1.43	61	3.35½	96	5.28
27	1.48½	62	3.41	97	5.33½
28	1.54	63	3.46½	98	5.39
29	1.59½	64	3.52	99	5.44½
30	1.65	65	3.57½	100	5.50
31	1.70½	66	3.63	125	6.87½
32	1.76	67	3.68½	150	8.25
33	1.81½	68	3.74	175	9.62½
34	1.87	69	3.79½	200	11..
35	1.92½	70	3.85	225	12.37½

At 6 Cents.

No.	Dols. Cts.	No.	Dols. Cts.	No.	Dols. Cts.
1	.6	36	2.16	71	4.26
2	.12	37	2.22	72	4.32
3	.18	38	2.28	73	4.38
4	.24	39	2.34	74	4.44
5	.30	40	2.40	75	4.50
6	.36	41	2.46	76	4.56
7	.42	42	2.52	77	4.62
8	.48	43	2.58	78	4.68
9	.54	44	2.64	79	4.74
10	.60	45	2.70	80	4.80
11	.66	46	2.76	81	4.86
12	.72	47	2.82	82	4.92
13	.78	48	2.88	83	4.98
14	.84	49	2.94	84	5.4
15	.90	50	3.	85	5.10
16	.96	51	3.6	86	5.16
17	1.2	52	3.12	87	5.22
18	1.8	53	3.18	88	5.28
19	1.14	54	3.24	89	5.34
20	1.20	55	3.30	90	5.40
21	1.26	56	3.36	91	5.46
22	1.32	57	3.42	92	5.52
23	1.38	58	3.48	93	5.58
24	1.44	59	3.54	94	5.64
25	1.50	60	3.60	95	5.70
26	1.56	61	3.66	96	5.76
27	1.62	62	3.72	97	5.82
28	1.68	63	3.78	98	5.88
29	1.74	64	3.84	99	5.94
30	1.80	65	3.90	100	6.
31	1.86	66	3.96	125	7.50
32	1.92	67	4.2	150	9.
33	1.98	68	4.8	175	10.50
34	2.4	69	4.14	200	12.
35	2.10	70	4.20	225	13.50

At 6¼ Cents.

No.	Dols. Cts.	No.	Dols. Cts.	No.	Dols. Cts.
1	. 6¼	36	2.25	71	4.43¾
2	.12½	37	2.31¼	72	4.50
3	.18¾	38	2.37½	73	4.56¼
4	.25	39	2.43¾	74	4.62½
5	.31¼	40	2.50	75	4.68¾
6	.37½	41	2.56¼	76	4.75
7	.43¾	42	2.62½	77	4.81¼
8	.50	43	2.68¾	78	4.87½
9	.56¼	44	2.75	79	4.93¾
10	.62½	45	2.81¼	80	5.
11	.68¾	46	2.87½	81	5. 6¼
12	.75	47	2.93¾	82	5.12½
13	.81¼	48	3.	83	5.18¾
14	.87½	49	3. 6¼	84	5.25
15	.93¾	50	3.12½	85	5.31¼
16	1.	51	3.18¾	86	5.37½
17	1. 6¼	52	3.25	87	5.43¾
18	1.12½	53	3.31¼	88	5.50
19	1.18¾	54	3.37½	89	5.56¼
20	1.25	55	3.43¾	90	5.62½
21	1.31¼	56	3.50	91	5.68¾
22	1.37½	57	3.56¼	92	5.75
23	1.43¾	58	3.62½	93	5.81¼
24	1.50	59	3.68¾	94	5.87½
25	1.56¼	60	3.75	95	5.93¾
26	1.62½	61	3.81¼	96	6.
27	1.68¾	62	3.87½	97	6. 6¼
28	1.75	63	3.93¾	98	6.12½
29	1.81¼	64	4.	99	6.18¾
30	1.87½	65	4. 6¼	100	6.25
31	1.93¾	66	4.12½	125	7.81¼
32	2.	67	4.18¾	150	9.37½
33	2. 6¼	68	4.25	175	10.93¾
34	2.12½	69	4.31¼	200	12.50
35	2.18¾	70	4.37½	225	14.06¼

At 6½ Cents.

No.	Dols. Cts.	No.	Dols. Cts.	No.	Dols. Cts.
1	.6½	36	2.34	71	4.61½
2	.13	37	2.40½	72	4.68
3	.19½	38	2.47	73	4.74½
4	.26	39	2.53½	74	4.81
5	.32½	40	2.60	75	4.87½
6	.39	41	2.66½	76	4.94
7	.45½	42	2.73	77	5.½
8	.52	43	2.79½	78	5.7
9	.58½	44	2.86	79	5.13½
10	.65	45	2.92½	80	5.20
11	.71½	46	2.99	81	5.26½
12	.78	47	3.5½	82	5.33
13	.84½	48	3.12	83	5.39½
14	.91	49	3.18½	84	5.46
15	.97½	50	3.25	85	5.52½
16	1.4	51	3.31½	86	5.59
17	1.10½	52	3.38	87	5.65½
18	1.17	53	3.44½	88	5.72
19	1.23½	54	3.51	89	5.78½
20	1.30	55	3.57½	90	5.85
21	1.36½	56	3.64	91	5.91½
22	1.43	57	3.70½	92	5.98
23	1.49½	58	3.77	93	6.4½
24	1.56	59	3.83½	94	6.11
25	1.62½	60	3.90	95	6.17½
26	1.69	61	3.96½	96	6.24
27	1.75½	62	4.3	97	6.30½
28	1.82	63	4.9½	98	6.37
29	1.88½	64	4.16	99	6.43½
30	1.95	65	4.22½	100	6.50
31	2.1½	66	4.29	125	8.12½
32	2.8	67	4.35½	150	9.75
33	2.14½	68	4.42	175	11.37½
34	2.21	69	4.48½	200	13.
35	2.27½	70	4.55	225	14.62½

At 7 Cents.

No.	Dols. Cts.	No.	Dols. Cts.	No.	Dols. Cts.
1	.7	36	2.52	71	4.97
2	.14	37	2.59	72	5.4
3	.21	38	2.66	73	5.11
4	.28	39	2.73	74	5.18
5	.35	40	2.80	75	5.25
6	.42	41	2.87	76	5.32
7	.49	42	2.94	77	5.39
8	.56	43	3.1	78	5.46
9	.63	44	3.8	79	5.53
10	.70	45	3.15	80	5.60
11	.77	46	3.22	81	5.67
12	.84	47	3.29	82	5.74
13	.91	48	3.36	83	5.81
14	.98	49	3.43	84	5.88
15	1.5	50	3.50	85	5.95
16	1.12	51	3.57	86	6.2
17	1.19	52	3.64	87	6.9
18	1.26	53	3.71	88	6.16
19	1.33	54	3.78	89	6.23
20	1.40	55	3.85	90	6.30
21	1.47	56	3.92	91	6.37
22	1.54	57	3.99	92	6.44
23	1.61	58	4.6	93	6.51
24	1.68	59	4.13	94	6.58
25	1.75	60	4.20	95	6.65
26	1.82	61	4.27	96	6.72
27	1.89	62	4.34	97	6.79
28	1.96	63	4.41	98	6.86
29	2.3	64	4.48	99	6.93
30	2.10	65	4.55	100	7.
31	2.17	66	4.62	125	8.75
32	2.24	67	4.69	150	10.50
33	2.31	68	4.76	175	12.25
34	2.38	69	4.83	200	14.
35	2.45	70	4.90	225	15.75

At 7½ Cents.

No.	Dols. Cts.	No.	Dols. Cts.	No.	Dols. Cts.
1	.7½	36	2.70	71	5.32½
2	.15	37	2.77½	72	5.40
3	.22½	38	2.85	73	5.47½
4	.30	39	2.92½	74	5.55
5	.37½	40	3.	75	5.62½
6	.45	41	3.7½	76	5.70
7	.52½	42	3.15	77	5.77½
8	.60	43	3.22½	78	5.85
9	.67½	44	3.30	79	5.92½
10	.75	45	3.37½	80	6.
11	.82½	46	3.45	81	6.7½
12	.90	47	3.52½	82	6.15
13	.97½	48	3.60	83	6.22½
14	1.5	49	3.67½	84	6.30
15	1.12½	50	3.75	85	6.37½
16	1.20	51	3.82½	86	6.45
17	1.27½	52	3.90	87	6.52½
18	1.35	53	3.97½	88	6.60
19	1.42½	54	4.5	89	6.67½
20	1.50	55	4.12½	90	6.75
21	1.57½	56	4.20	91	6.82½
22	1.65	57	4.27½	92	6.90
23	1.72½	58	4.35	93	6.97½
24	1.80	59	4.42½	94	7.5
25	1.87½	60	4.50	95	7.12½
26	1.95	61	4.57½	96	7.20
27	2.2½	62	4.65	97	7.27½
28	2.10	63	4.72½	98	7.35
29	2.17½	64	4.80	99	7.42½
30	2.25	65	4.87½	100	7.50
31	2.32½	66	4.95	125	9.37½
32	2.40	67	5.2½	150	11.25
33	2.47½	68	5.10	175	13.12½
34	2.55	69	5.17½	200	15.
35	2.62½	70	5.25	225	16.87½

At 8 Cents.

No.	Dols. Cts.	No.	Dols. Cts.	No.	Dols. Cts.
1	.8	36	2.88	71	5.68
2	.16	37	2.96	72	5.76
3	.24	38	3.4	73	5.84
4	.32	39	3.12	74	5.92
5	.40	40	3.20	75	6.
6	.48	41	3.28	76	6.8
7	.56	42	3.36	77	6.16
8	.64	43	3.44	78	6.24
9	.72	44	3.52	79	6.32
10	.80	45	3.60	80	6.40
11	.88	46	3.68	81	6.48
12	.96	47	3.76	82	6.56
13	1.4	48	3.84	83	6.64
14	1.12	49	3.92	84	6.72
15	1.20	50	4.	85	6.80
16	1.28	51	4.8	86	6.88
17	1.36	52	4.16	87	6.96
18	1.44	53	4.24	88	7.4
19	1.52	54	4.32	89	7.12
20	1.60	55	4.40	90	7.20
21	1.68	56	4.48	91	7.28
22	1.76	57	4.56	92	7.36
23	1.84	58	4.64	93	7.44
24	1.92	59	4.72	94	7.52
25	2.	60	4.80	95	7.60
26	2.8	61	4.88	96	7.68
27	2.16	62	4.96	97	7.76
28	2.24	63	5.4	98	7.84
29	2.32	64	5.12	99	7.92
30	2.40	65	5.20	100	8.
31	2.48	66	5.28	125	10.
32	2.56	67	5.36	150	12.
33	2.64	68	5.44	175	14.
34	2.72	69	5.52	200	16.
35	2.80	70	5.60	225	18.

At 8½ Cents.

No.	Dols. Cts.	No.	Dols. Cts.	No.	Dols. Cts.
1	.8½	36	3.6	71	6.3½
2	.17	37	3.14½	72	6.12
3	.25½	38	3.23	73	6.20½
4	.34	39	3.31½	74	6.29
5	.42½	40	3.40	75	6.37½
6	.51	41	3.48½	76	6.46
7	.59½	42	3.57	77	6.54½
8	.68	43	3.65½	78	6.63
9	.76½	44	3.74	79	6.71½
10	.85	45	3.82½	80	6.80
11	.93½	46	3.91	81	6.88½
12	1.2	47	3.99½	82	6.97
13	1.10½	48	4.8	83	7.5½
14	1.19	49	4.16½	84	7.14
15	1.27½	50	4.25	85	7.22½
16	1.36	51	4.33½	86	7.31
17	1.44½	52	4.42	87	7.39½
18	1.53	53	4.50½	88	7.48
19	1.61½	54	4.59	89	7.56½
20	1.70	55	4.67½	90	7.65
21	1.78½	56	4.76	91	7.73½
22	1.87	57	4.84½	92	7.82
23	1.95½	58	4.93	93	7.90½
24	2.4	59	5.1½	94	7.99
25	2.12½	60	5.10	95	8.7½
26	2.21	61	5.18½	96	8.16
27	2.29½	62	5.27	97	8.24½
28	2.38	63	5.35½	98	8.33
29	2.46½	64	5.44	99	8.41½
30	2.55	65	5.52½	100	8.50
31	2.63½	66	5.61	125	10.62½
32	2.72	67	5.69½	150	12.75
33	2.80½	68	5.78	175	14.87½
34	2.89	69	5.86½	200	17.
35	2.97½	70	5.95	225	19.12½

At 9 Cents.

No.	Dols. Cts.	No.	Dols. Cts.	No.	Dols. Cts.
1	.9	36	3.24	71	6.39
2	.18	37	3.33	72	6.48
3	.27	38	3.42	73	6.57
4	.36	39	3.51	74	6.66
5	.45	40	3.60	75	6.75
6	.54	41	3.69	76	6.84
7	.63	42	3.78	77	6.93
8	.72	43	3.87	78	7.2
9	.81	44	3.96	79	7.11
10	.90	45	4.5	80	7.20
11	.99	46	4.14	81	7.29
12	1.8	47	4.23	82	7.38
13	1.17	48	4.32	83	7.47
14	1.26	49	4.41	84	7.56
15	1.35	50	4.50	85	7.65
16	1.44	51	4.59	86	7.74
17	1.53	52	4.68	87	7.83
18	1.62	53	4.77	88	7.92
19	1.71	54	4.86	89	8.1
20	1.80	55	4.95	90	8.10
21	1.89	56	5.4	91	8.19
22	1.98	57	5.13	92	8.28
23	2.7	58	5.22	93	8.37
24	2.16	59	5.31	94	8.46
25	2.25	60	5.40	95	8.55
26	2.34	61	5.49	96	8.64
27	2.43	62	5.58	97	8.73
28	2.52	63	5.67	98	8.82
29	2.61	64	5.76	99	8.91
30	2.70	65	5.85	100	9.
31	2.79	66	5.94	125	11.25
32	2.88	67	6.3	150	13.50
33	2.97	68	6.12	175	15.75
34	3.6	69	6.21	200	18.
35	3.15	70	6.30	225	20.25

At 9½ Cents.

No.	Dols. Cts.	No.	Dols. Cts.	No.	Dols. Cts.
1	.9½	36	3.42	71	6.74½
2	.19	37	3.51½	72	6.84
3	.28½	38	3.61	73	6.93½
4	.38	39	3.70½	74	7.3
5	.47½	40	3.80	75	7.12½
6	.57	41	3.89½	76	7.22
7	.66½	42	3.99	77	7.31½
8	.76	43	4.8½	78	7.41
9	.85½	44	4.18	79	7.50½
10	.95	45	4.27½	80	7.60
11	1.4½	46	4.37	81	7.69½
12	1.14	47	4.46½	82	7.79
13	1.23½	48	4.56	83	7.88½
14	1.33	49	4.65½	84	7.98
15	1.42½	50	4.75	85	8.7½
16	1.52	51	4.84½	86	8.17
17	1.61½	52	4.94	87	8.26½
18	1.71	53	5.3½	88	8.36
19	1.80½	54	5.13	89	8.45½
20	1.90	55	5.22½	90	8.55
21	1.99½	56	5.32	91	8.64½
22	2.9	57	5.41½	92	8.74
23	2.18½	58	5.51	93	8.83½
24	2.28	59	5.60½	94	8.93
25	2.37½	60	5.70	95	9.2½
26	2.47	61	5.79½	96	9.12
27	2.56½	62	5.89	97	9.21½
28	2.66	63	5.98½	98	9.31
29	2.75½	64	6.8	99	9.40½
30	2.85	65	6.17½	100	9.50
31	2.94½	66	6.27	125	11.87½
32	3.4	67	6.36½	150	14.25
33	3.13½	68	6.46	175	16.62½
34	3.23	69	6.55½	200	19
35	3.32½	70	6.65	225	21.37½

At 10 Cents.

No.	Dols. Cts.	No.	Dols. Cts.	No.	Dols. Cts.
1	.10	36	3.60	71	7.10
2	.20	37	3.70	72	7.20
3	.30	38	3.80	73	7.30
4	.40	39	3.90	74	7.40
5	.50	40	4.	75	7.50
6	.60	41	4.10	76	7.60
7	.70	42	4.20	77	7.70
8	.80	43	4.30	78	7.80
9	.90	44	4.40	79	7.90
10	1.	45	4.50	80	8.
11	1.10	46	4.60	81	8.10
12	1.20	47	4.70	82	8.20
13	1.30	48	4.80	83	8.30
14	1.40	49	4.90	84	8.40
15	1.50	50	5.	85	8.50
16	1.60	51	5.10	86	8.60
17	1.70	52	5.20	87	8.70
18	1.80	53	5.30	88	8.80
19	1.90	54	5.40	89	8.90
20	2.	55	5.50	90	9.
21	2.10	56	5.60	91	9.10
22	2.20	57	5.70	92	9.20
23	2.30	58	5.80	93	9.30
24	2.40	59	5.90	94	9.40
25	2.50	60	6.	95	9.50
26	2.60	61	6.10	96	9.60
27	2.70	62	6.20	97	9.70
28	2.80	63	6.30	98	9.80
29	2.90	64	6.40	99	9.90
30	3.	65	6.50	100	10.
31	3.10	66	6.60	125	12.50
32	3.20	67	6.70	150	15.
33	3.30	68	6.80	175	17.50
34	3.40	69	6.90	200	20.
35	3.50	70	7.	225	22.50

At 11 Cents

No.	Dols. Cts.	No.	Dols. Cts.	No.	Dols. Cts.
1	.11	36	3.96	71	7.81
2	.22	37	4.7	72	7.92
3	.33	38	4.18	73	8.3
4	.44	39	4.29	74	8.14
5	.55	40	4.40	75	8.25
6	.66	41	4.51	76	8.36
7	.77	42	4.62	77	8.47
8	.88	43	4.73	78	8.58
9	.99	44	4.84	79	8.69
10	1.10	45	4.95	80	8.80
11	1.21	46	5.6	81	8.91
12	1.32	47	5.17	82	9.2
13	1.43	48	5.28	83	9.13
14	1.54	49	5.39	84	9.24
15	1.65	50	5.50	85	9.35
16	1.76	51	5.61	86	9.46
17	1.87	52	5.72	87	9.57
18	1.98	53	5.83	88	9.68
19	2.9	54	5.94	89	9.79
20	2.20	55	6.5	90	9.90
21	2.31	56	6.16	91	10.1
22	2.42	57	6.27	92	10.12
23	2.53	58	6.38	93	10.23
24	2.64	59	6.49	94	10.34
25	2.75	60	6.60	95	10.45
26	2.86	61	6.71	96	10.56
27	2.97	62	6.82	97	10.67
28	3.8	63	6.93	98	10.78
29	3.19	64	7.4	99	10.89
30	3.30	65	7.15	100	11.
31	3.41	66	7.26	125	13.75
32	3.52	67	7.37	150	16.50
33	3.63	68	7.48	175	19.25
34	3.74	69	7.59	200	22.
35	3.85	70	7.70	225	24.75

No.	Dols. Cts.	No.	Dols. Cts.	No.	Dols. Cts.
1	.12	36	4.32	71	8 52
2	.24	37	4.44	72	8 64
3	.36	38	4.56	73	8 76
4	.48	39	4.68	74	8 88
5	.60	40	4.80	75	9
6	.72	41	4.92	76	9 12
7	.84	42	5. 4	77	9 24
8	.96	43	5.16	78	9 36
9	1. 8	44	5.28	79	9 48
10	1.20	45	5.40	80	9 60
11	1.32	46	5.52	81	9 72
12	1.44	47	5.64	82	9 84
13	1.56	48	5.76	83	9 96
14	1.68	49	5.88	84	10. 8
15	1.80	50	6.	85	10.20
16	1.92	51	6.12	86	10.32
17	2. 4	52	6.24	87	10.44
18	2.16	53	6.36	88	10.56
19	2.28	54	6.48	89	10.68
20	2.40	55	6.60	90	10.80
21	2.52	56	6.72	91	10.92
22	2.64	57	6.84	92	11. 4
23	2.76	58	6.96	93	11.16
24	2.88	59	7. 8	94	11.28
25	3.	60	7.20	95	11.40
26	3.12	61	7.32	96	11.52
27	3.24	62	7.44	97	11.64
28	3.36	63	7.56	98	11.76
29	3.48	64	7.68	99	11.88
30	3.60	65	7.80	100	12.
31	3.72	66	7.92	125	15.
32	3.84	67	8. 4	150	18.
33	3.96	68	8.16	175	21.
34	4. 8	69	8.28	200	24.
35	4.20	70	8.40	225	27.

At 12½ Cents, or ⅛ of a Dollar.

No.	Dols. Cts.	No.	Dols. Cts.	No.	Dols. Cts.
1	.12½	36	4.50	71	8.87½
2	.25	37	4.62½	72	9.
3	.37½	38	4.75	73	9.12½
4	.50	39	4.87½	74	9.25
5	.62½	40	5.	75	9.37½
6	.75	41	5.12½	76	9.50
7	.87½	42	5.25	77	9.62½
8	1.	43	5.37½	78	9.75
9	1.12½	44	5.50	79	9.87½
10	1.25	45	5.62½	80	10.
11	1.37½	46	5.75	81	10.12½
12	1.50	47	5.87½	82	10.25
13	1.62½	48	6.	83	10.37½
14	1.75	49	6.12½	84	10.50
15	1.87½	50	6.25	85	10.62½
16	2.	51	6.37½	86	10.75
17	2.12½	52	6.50	87	10.87½
18	2.25	53	6.62½	88	11.
19	2.37½	54	6.75	89	11.12½
20	2.50	55	6.87½	90	11.25
21	2.62½	56	7.	91	11.37½
22	2.75	57	7.12½	92	11.50
23	2.87½	58	7.25	93	11.62½
24	3.	59	7.37½	94	11.75
25	3.12½	60	7.50	95	11.87½
26	3.25	61	7.62½	96	12.
27	3.37½	62	7.75	97	12.12½
28	3.50	63	7.87½	98	12.25
29	3.62½	64	8.	99	12.37½
30	3.75	65	8.12½	100	12.50
31	3.87½	66	8.25	125	15.62½
32	4.	67	8.37½	150	18.75
33	4.12½	68	8.50	175	21.87½
34	4.25	69	8.62½	200	25.
35	4.37½	70	8.75	225	28.12½

At 13 Cents.

No.	Dols Cts.	No.	Dols. Cts.	No.	Dols. Cts.
1	.13	36	4.68	71	9.23
2	.26	37	4.81	72	9.36
3	.39	38	4.94	73	9.49
4	.52	39	5. 7	74	9.62
5	.65	40	5.20	75	9.75
6	.78	41	5.33	76	9.88
7	.91	42	5.46	77	10. 1
8	1. 4	43	5.59	78	10.14
9	1.17	44	5.72	79	10.27
10	1.30	45	5.85	80	10.40
11	1.43	46	5.98	81	10.53
12	1.56	47	6.11	82	10.66
13	1.69	48	6.24	83	10.79
14	1.82	49	6.37	84	10.92
15	1.95	50	6.50	85	11. 5
16	2. 8	51	6.63	86	11.18
17	2.21	52	6.76	87	11.31
18	2.34	53	6.89	88	11.44
19	2.47	54	7. 2	89	11.57
20	2.60	55	7.15	90	11.70
21	2.73	56	7.28	91	11.83
22	2.86	57	7.41	92	11.96
23	2.99	58	7.54	93	12. 9
24	3.12	59	7.67	94	12.22
25	3.25	60	7.80	95	12.35
26	3.38	61	7.93	96	12.48
27	3.51	62	8. 6	97	12.61
28	3.64	63	8.19	98	12.74
29	3.77	64	8.32	99	12.87
30	3.90	65	8.45	100	13.
31	4. 3	66	8.58	125	16.25
32	4.16	67	8.71	150	19.50
33	4.29	68	8.84	175	22.75
34	4.42	69	8.97	200	26.
35	4.55	70	9.10	225	29.2

At 14 Cents.

Dols. Cts.	No.	Dols. Cts.	No.	Dols. Cts.
.14	36	5. 4	71	9.94
.28	37	5.18	72	10. 8
.42	38	5.32	73	10.22
.56	39	5.46	74	10.36
.70	40	5.60	75	10.50
.84	41	5.74	76	10.64
.98	42	5.88	77	10.78
1.12	43	6. 2	78	10.92
1.26	44	6.16	79	11. 6
1.40	45	6.30	80	11.20
1.54	46	6.44	81	11.34
1.68	47	6.58	82	11.48
1.82	48	6.72	83	11.62
1.96	49	6.86	84	11.76
2.10	50	7.	85	11.90
2.24	51	7.14	86	12. 4
2.38	52	7.28	87	12.18
2.52	53	7.42	88	12.32
2.66	54	7.56	89	12.46
2.80	55	7.70	90	12.60
2.94	56	7.84	91	12.74
3. 8	57	7.98	92	12.88
3.22	58	8.12	93	13. 2
3.36	59	8.26	94	13.16
3.50	60	8.40	95	13.30
3.64	61	8.54	96	13.44
3.78	62	8.68	97	13.58
3.92	63	8.82	98	13.72
4. 6	64	8.96	99	13.86
4.20	65	9.10	100	14.
4.34	66	9.24	125	17.50
4.48	67	9.38	150	21.
4.62	68	9.52	175	24.50
4.76	69	9.66	200	28.
4.90	70	9.80	225	31.50

No.	Dols. Cts.	No.	Dols. Cts.	No.	Dols. Cts.
1	.15	36	5.40	71	10.65
2	.30	37	5.55	72	10.80
3	.45	38	5.70	73	10.95
4	.60	39	5.85	74	11.10
5	.75	40	6.	75	11.25
6	.90	41	6.15	76	11.40
7	1. 5	42	6.30	77	11.55
8	1.20	43	6.45	78	11.70
9	1.35	44	6.60	79	11.85
10	1.50	45	6.75	80	12.
11	1.65	46	6.90	81	12.15
12	1.80	47	7. 5	82	12.30
13	1.95	48	7.20	83	12.45
14	2.10	49	7.35	84	12.60
15	2.25	50	7.50	85	12.75
16	2.40	51	7.65	86	12.90
17	2.55	52	7.80	87	13. 5
18	2.70	53	7.95	88	13.20
19	2.85	54	8.10	89	13.35
20	3.	55	8.25	90	13.50
21	3.15	56	8.40	91	13.65
22	3.30	57	8.55	92	13.80
23	3.45	58	8.70	93	13.95
24	3.60	59	8.85	94	14.10
25	3.75	60	9.	95	14.25
26	3.90	61	9.15	96	14.40
27	4. 5	62	9.30	97	14.55
28	4.20	63	9.45	98	14.70
29	4.35	64	9.60	99	14.85
30	4.50	65	9.75	100	15.
31	4.65	66	9.90	125	18.75
32	4.80	67	10. 5	150	22.50
33	4.95	68	10.20	175	26.25
34	5.10	69	10.35	200	30.
35	5.25	70	10.50	225	33.75

At 16 Cents.

No.	Dols. Cts.	No.	Dols. Cts.	No.	Dols. Cts.
1	.16	36	5.76	71	11.36
2	.32	37	5.92	72	11.52
3	.48	38	6. 8	73	11.68
4	.64	39	6.24	74	11.84
5	.80	40	6.40	75	12.
6	.96	41	6.56	76	12.16
7	1.12	42	6.72	77	12.32
8	1.28	43	6.88	78	12.48
9	1.44	44	7. 4	79	12 64
10	1.60	45	7.20	80	12.80
11	1.76	46	7.36	81	12.96
12	1.92	47	7.52	82	13.12
13	2. 8	48	7.68	83	13.28
14	2.24	49	7.84	84	13.44
15	2.40	50	8.	85	13.60
16	2.56	51	8.16	86	13.76
17	2.72	52	8.32	87	13.92
18	2.88	53	8.48	88	14. 8
19	3. 4	54	8.64	89	14.24
20	3.20	55	8.80	90	14.40
21	3.36	56	8.96	91	14.56
22	3.52	57	9.12	92	14.72
23	3.68	58	9.28	93	14.88
24	3.84	59	9.44	94	15. 4
25	4.	60	9.60	95	15.20
26	4.16	61	9.76	96	15.36
27	4.32	62	9.92	97	15.52
28	4.48	63	10. 8	98	15.68
29	4.64	64	10.24	99	15.84
30	4.80	65	10.40	100	16
31	4.96	66	10.56	125	20.
32	5.12	67	10.72	150	24
33	5.28	68	10.88	175	28
34	5.44	69	11. 4	200	32.
35	5.60	70	11.20	225	36

At 17 Cents.

No.	Dols. Cts.	No.	Dols. Cts.	No.	Dols. Cts.
1	.17	36	6.12	71	12. 7
2	.34	37	6.29	72	12.24
3	.51	38	6.46	73	12.41
4	.68	39	6.63	74	12.58
5	.85	40	6.80	75	12.75
6	1. 2	41	6.97	76	12.92
7	1.19	42	7.14	77	13. 9
8	1.36	43	7.31	78	13.26
9	1.53	44	7.48	79	13.43
10	1.70	45	7.65	80	13.60
11	1.87	46	7.82	81	13.77
12	2. 4	47	7.99	82	13.94
13	2.21	48	8.16	83	14.11
14	2.38	49	8.33	84	14.28
15	2.55	50	8.50	85	14.45
16	2.72	51	8.67	86	14.62
17	2.89	52	8.84	87	14.79
18	3. 6	53	9. 1	88	14.96
19	3.23	54	9.18	89	15.13
20	3.40	55	9.35	90	15.30
21	3.57	56	9.52	91	15.47
22	3.74	57	9.69	92	15.64
23	3.91	58	9.86	93	15.81
24	4. 8	59	10. 3	94	15.98
25	4.25	60	10.20	95	16.15
26	4.42	61	10.37	96	16.32
27	4.59	62	10.54	97	16.49
28	4.76	63	10.71	98	16.66
29	4.93	64	10.88	99	16.83
30	5.10	65	11. 5	100	17.
31	5.27	66	11.22	125	21.25
32	5.44	67	11.39	150	25.50
33	5.61	68	11.56	175	29.75
34	5.78	69	11.73	200	34.
35	5.95	70	11.90	225	38.25

At 18 Cents.

No.	Dols. Cts.	No.	Dols. Cts.	No.	Dols. Cts.
1	.18	36	6.48	71	12.78
2	.36	37	6.66	72	12.96
3	.54	38	6.84	73	13.14
4	.72	39	7. 2	74	13.32
5	.90	40	7.20	75	13.50
6	1. 8	41	7.38	76	13.68
7	1.26	42	7.56	77	13.86
8	1.44	43	7.74	78	14. 4
9	1.62	44	7.92	79	14.22
10	1.80	45	8.10	80	14 40
11	1.98	46	8.28	81	14.58
12	2.16	47	8.46	82	14.76
13	2.34	48	8.64	83	14.94
14	2.52	49	8.82	84	15.12
15	2.70	50	9.	85	15.30
16	2.88	51	9.18	86	15.48
17	3. 6	52	9.36	87	15.66
18	3.24	53	9.54	88	15.84
19	3.42	54	9.72	89	16. 2
20	3.60	55	9.90	90	16.20
21	3.78	56	10. 8	91	16.38
22	3.96	57	10.26	92	16.56
23	4.14	58	10.44	93	16.74
24	4.32	59	10.62	94	16.92
25	4.50	60	10.80	95	17.10
26	4.68	61	10.98	96	17.28
27	4.86	62	11.16	97	17.46
28	5. 4	63	11.34	98	17.64
29	5.22	64	11.52	99	17.82
30	5.40	65	11.70	100	18.
31	5.58	66	11.88	125	22.50
32	5.76	67	12. 6	150	27.
33	5.94	68	12.24	175	31.50
34	6.12	69	12.42	200	36.
35	6.30	70	12.60	225	40.50

At 18¾ Cents, or 3/16 of a Dollar.

No.	Dols. Cts.	No.	Dols. Cts.	No.	Dols. Cts.
1	.18¾	36	6.75	71	13.31¼
2	.37½	37	6.93¾	72	13.50
3	.56¼	38	7.12½	73	13.68¾
4	.75	39	7.31¼	74	13.87½
5	.93¾	40	7.50	75	14.6¼
6	1.12½	41	7.68¾	76	14.25
7	1.31¼	42	7.87½	77	14.43¾
8	1.50	43	8.6¼	78	14.62½
9	1.68¾	44	8.25	79	14.81¼
10	1.87½	45	8.43¾	80	15.
11	2.6¼	46	8.62½	81	15.18¾
12	2.25	47	8.81¼	82	15.37½
13	2.43¾	48	9.	83	15.56¼
14	2.62½	49	9.18¾	84	15.75
15	2.81¼	50	9.37½	85	15.93¾
16	3.	51	9.56¼	86	16.12½
17	3.18¾	52	9.75	87	16.31¼
18	3.37½	53	9.93¾	88	16.50
19	3.56¼	54	10.12½	89	16.68¾
20	3.75	55	10.31¼	90	16.87½
21	3.93¾	56	10.50	91	17.6¼
22	4.12½	57	10.68¾	92	17.25
23	4.31¼	58	10.87½	93	17.43¾
24	4.50	59	11.6¼	94	17.62½
25	4.68¾	60	11.25	95	17.81¼
26	4.87½	61	11.43¾	96	18.
27	5.6¼	62	11.62½	97	18.18¾
28	5.25	63	11.81¼	98	18.37½
29	5.43¾	64	12.	99	18.56¼
30	5.62½	65	12.18¾	100	18.75
31	5.81¼	66	12.37½	125	23.43¾
32	6.	67	12.56¼	150	28.12½
33	6.18¾	68	12.75	175	32.81¼
34	6.37½	69	12.93¾	200	37.50
35	6.56¼	70	13.12½	225	42.18¾

At 19 Cents.

No.	Dols. Cts.	No.	Dols. Cts.	No.	Dols. Cts.
1	.19	36	6.84	71	13.49
2	.38	37	7. 3	72	13.68
3	.57	38	7.22	73	13.87
4	.76	39	7.41	74	14. 6
5	.95	40	7.60	75	14.25
6	1.14	41	7.79	76	14.44
7	1.33	42	7.98	77	14.63
8	1.52	43	8.17	78	14.82
9	1.71	44	8.36	79	15. 1
10	1.90	45	8.55	80	15.20
11	2. 9	46	8.74	81	15.39
12	2.28	47	8.93	82	15.58
13	2.47	48	9.12	83	15.77
14	2.66	49	9.31	84	15.96
15	2.85	50	9.50	85	16.15
16	3. 4	51	9.69	86	16.34
17	3.23	52	9.88	87	16.53
18	3.42	53	10. 7	88	16.72
19	3.61	54	10.26	89	16.91
20	3.80	55	10.45	90	17.10
21	3.99	56	10.64	91	17.29
22	4.18	57	10.83	92	17.48
23	4.37	58	11. 2	93	17.67
24	4.56	59	11.21	94	17.86
25	4.75	60	11.40	95	18. 5
26	4.94	61	11.59	96	18.24
27	5.13	62	11.78	97	18.43
28	5.32	63	11.97	98	18.62
29	5.51	64	12.16	99	18.81
30	5.70	65	12.35	100	19.
31	5.89	66	12.54	125	23.75
32	6. 8	67	12.73	150	28.50
33	6.27	68	12.92	175	33.25
34	6.46	69	13.11	200	38.
35	6.65	70	13.30	225	42.75

At 20 Cents.

No.	Dols. Cts.	No.	Dols. Cts.	No.	Dols. Cts.
1	.20	36	7.20	71	14.20
2	.40	37	7.40	72	14.40
3	.60	38	7.60	73	14.60
4	.80	39	7.80	74	14.80
5	1.	40	8.	75	15.
6	1.20	41	8.20	76	15.20
7	1.40	42	8.40	77	15.40
8	1.60	43	8.60	78	15.60
9	1.80	44	8.80	79	15.80
10	2.	45	9.	80	16.
11	2.20	46	9.20	81	16.20
12	2.40	47	9.40	82	16.40
13	2.60	48	9.60	83	16.60
14	2.80	49	9.80	84	16.80
15	3.	50	10.	85	17.
16	3.20	51	10.20	86	17.20
17	3.40	52	10.40	87	17.40
18	3.60	53	10.60	88	17.60
19	3.80	54	10.80	89	17.80
20	4.	55	11.	90	18.
21	4.20	56	11.20	91	18.20
22	4.40	57	11.40	92	18.40
23	4.60	58	11.60	93	18.60
24	4.80	59	11.80	94	18.80
25	5.	60	12.	95	19.
26	5.20	61	12.20	96	19.20
27	5.40	62	12.40	97	19.40
28	5.60	63	12.60	98	19.60
29	5.80	64	12.80	99	19.80
30	6.	65	13.	100	20.
31	6.20	66	13.20	125	25.
32	6.40	67	13.40	150	30.
33	6.60	68	13.60	175	35.
34	6.80	69	13.80	200	40.
35	7.	70	14.	225	45.

At 21 Cents.

No.	Dols. Cts.	No.	Dols. Cts.	No.	Dols. Cts.
1	.21	36	7.56	71	14.91
2	.42	37	7.77	72	15.12
3	.63	38	7.98	73	15.33
4	.84	39	8.19	74	15.54
5	1.5	40	8.40	75	15.75
6	1.26	41	8.61	76	15.96
7	1.47	42	8.82	77	16.17
8	1.68	43	9.3	78	16.38
9	1.89	44	9.24	79	16.59
10	2.10	45	9.45	80	16.80
11	2.31	46	9.66	81	17.1
12	2.52	47	9.87	82	17.22
13	2.73	48	10.8	83	17.43
14	2.94	49	10.29	84	17.64
15	3.15	50	10.50	85	17.85
16	3.36	51	10.71	86	18.6
17	3.57	52	10.92	87	18.27
18	3.78	53	11.13	88	18.48
19	3.99	54	11.34	89	18.69
20	4.20	55	11.55	90	18.90
21	4.41	56	11.76	91	19.11
22	4.62	57	11.97	92	19.32
23	4.83	58	12.18	93	19.53
24	5.4	59	12.39	94	19.74
25	5.25	60	12.60	95	19.95
26	5.46	61	12.81	96	20.16
27	5.67	62	13.2	97	20.37
28	5.88	63	13.23	98	20.58
29	6.9	64	13.44	99	20.79
30	6.30	65	13.65	100	21.
31	6.51	66	13.86	125	26 25
32	6.72	67	14.7	150	31 50
33	6.93	68	14.28	175	36.75
34	7.14	69	14.49	200	42.
35	7.35	70	14.70	225	47.25

At 22 Cents.

No.	Dols. Cts.	No.	Dols. Cts.	No.	Dols. Cts.
1	.22	36	7.92	71	15.62
2	.44	37	8.14	72	15.84
3	66	38	8.36	73	16. 6
4	.88	39	8.58	74	16.28
5	1.10	40	8.80	75	16.50
6	1.32	41	9. 2	76	16.72
7	1.54	42	9.24	77	16.94
8	1.76	43	9.46	78	17.16
9	1.98	44	9.68	79	17.38
10	2.20	45	9.90	80	17.60
11	2.42	46	10.12	81	17.82
12	2.64	47	10.34	82	18. 4
13	2.86	48	10.56	83	18.26
14	3. 8	49	10.78	84	18.48
15	3.30	50	11.	85	18.70
16	3.52	51	11.22	86	18.92
17	3.74	52	11.44	87	19.14
18	3.96	53	11.66	88	19.36
19	4.18	54	11.88	89	19.58
20	4.40	55	12.10	90	19.80
21	4.62	56	12.32	91	20. 2
22	4.84	57	12.54	92	20.24
23	5. 6	58	12.76	93	20.46
24	5.28	59	12.98	94	20.68
25	5.50	60	13.20	95	20.90
26	5.72	61	13.42	96	21.12
27	5.94	62	13.64	97	21.34
28	6.16	63	13.86	98	21.56
29	6.38	64	14. 8	99	21.78
30	6.60	65	14.30	100	22.
31	6.82	66	14.52	125	27.50
32	7. 4	67	14.74	150	33.
33	7.26	68	14.96	175	38.50
34	7.48	69	15.18	200	44.
35	7.70	70	15.40	225	49.50

At 23 Cents.

No.	Dols. Cts.	No.	Dols. Cts.	No.	Dols. Cts
1	.23	36	8.28	71	16.33
2	.46	37	8.51	72	16.56
3	.69	38	8.74	73	16.79
4	.92	39	8.97	74	17. 2
5	1.15	40	9.20	75	17.25
6	1.38	41	9.43	76	17.48
7	1.61	42	9.66	77	17.71
8	1.84	43	9.89	78	17.94
9	2. 7	44	10.12	79	18.17
10	2.30	45	10.35	80	18.40
11	2.53	46	10.58	81	18.63
12	2.76	47	10.81	82	18.86
13	2.99	48	11. 4	83	19. 9
14	3.22	49	11.27	84	19.32
15	3.45	50	11.50	85	19.55
16	3.68	51	11.73	86	19.78
17	3.91	52	11.96	87	20. 1
18	4.14	53	12.19	88	20.24
19	4.37	54	12.42	89	20.47
20	4.60	55	12.65	90	20.70
21	4.83	56	12.88	91	20.93
22	5. 6	57	13.11	92	21.16
23	5.29	58	13.34	93	21.39
24	5.52	59	13.57	94	21.62
25	5.75	60	13.80	95	21.85
26	5.98	61	14. 3	96	22. 8
27	6.21	62	14.26	97	22.31
28	6.44	63	14.49	98	22.54
29	6.67	64	14.72	99	22.77
30	6.90	65	14.95	100	23.
31	7.13	66	15.18	125	28.75
32	7.36	67	15.41	150	34.50
33	7.59	68	15.64	175	40.25
34	7.82	69	15.87	200	46.
35	8. 5	70	16.10	225	51.75

At 24 Cents.

No.	Dols. Cts.	No.	Dols. Cts.	No.	Dols. Cts.
1	.24	36	8.64	71	17. 4
2	.48	37	8.88	72	17.28
3	.72	38	9.12	73	17.52
4	.96	39	9.36	74	17.76
5	1.20	40	9.60	75	18.
6	1.44	41	9.84	76	18.24
7	1.68	42	10. 8	77	18.48
8	1.92	43	10.32	78	18.72
9	2.16	44	10.56	79	18.96
10	2.40	45	10.80	80	19.20
11	2.64	46	11. 4	81	19.44
12	2.88	47	11.28	82	19.68
13	3.12	48	11.52	83	19.92
14	3.36	49	11.76	84	20.16
15	3.60	50	12.	85	20.40
16	3.84	51	12.24	86	20.64
17	4. 8	52	12.48	87	20.88
18	4.32	53	12.72	88	21.12
19	4.56	54	12.96	89	21.36
20	4.80	55	13.20	90	21.60
21	5. 4	56	13.44	91	21.84
22	5.28	57	13.68	92	22. 8
23	5.52	58	13.92	93	22.32
24	5.76	59	14.16	94	22.56
25	6.	60	14.40	95	22.80
26	6.24	61	14.64	96	23. 4
27	6.48	62	14.88	97	23.28
28	6.72	63	15.12	98	23.52
29	6.96	64	15.36	99	23.76
30	7.20	65	15.60	100	24.
31	7.44	66	15.84	125	30.
32	7.68	67	16. 8	150	36.
33	7.92	68	16.32	175	42.
34	8.16	69	16.56	200	48.
35	8.40	70	16.80	225	54.

At 25 Cents.

No.	Dols. Cts.	No.	Dols. Cts.	No.	Dols. Cts.
1	.25	36	9.	71	17.75
2	.50	37	9.25	72	18.
3	.75	38	9.50	73	18.25
4	1.	39	9.75	74	18.50
5	1.25	40	10.	75	18.75
6	1.50	41	10.25	76	19.
7	1.75	42	10.50	77	19.25
8	2.	43	10.75	78	19.50
9	2.25	44	11.	79	19.75
10	2.50	45	11.25	80	20.
11	2.75	46	11.50	81	20.25
12	3.	47	11.75	82	20.50
13	3.25	48	12.	83	20.75
14	3.50	49	12.25	84	21.
15	3.75	50	12.50	85	21.25
16	4.	51	12.75	86	21.50
17	4.25	52	13.	87	21.75
18	4.50	53	13.25	88	22.
19	4.75	54	13.50	89	22.25
20	5.	55	13.75	90	22.50
21	5.25	56	14.	91	22.75
22	5.50	57	14.25	92	23.
23	5.75	58	14.50	93	23.25
24	6.	59	14.75	94	23.50
25	6.25	60	15.	95	23.75
26	6.50	61	15.25	96	24.
27	6.75	62	15.50	97	24.25
28	7.	63	15.75	98	24.50
29	7.25	64	16.	99	24.75
30	7.50	65	16.25	100	25.
31	7.75	66	16.50	125	31.25
32	8.	67	16.75	150	37.50
33	8.25	68	17.	175	43.75
34	8.50	69	17.25	200	50.
35	8.75	70	17.50	225	56.25

At 26 Cents.

No.	Dols. Cts.	No.	Dols. Cts.	No.	Dols. Cts.
1	.26	36	9.36	71	18.46
2	.52	37	9.62	72	18.72
3	.78	38	9.88	73	18.98
4	1. 4	39	10.14	74	19.24
5	1.30	40	10.40	75	19.50
6	1.56	41	10.66	76	19.76
7	1.82	42	10.92	77	20. 2
8	2. 8	43	11.18	78	20.28
9	2.34	44	11.44	79	20.54
10	2.60	45	11.70	80	20.80
11	2.86	46	11.96	81	21. 6
12	3.12	47	12.22	82	21.32
13	3.38	48	12.48	83	21.58
14	3 64	49	12.74	84	21.84
15	3.90	50	13.	85	22.10
16	4.16	51	13.26	86	22.36
17	4.42	52	13.52	87	22.62
18	4.68	53	13.78	88	22.88
19	4.94	54	14. 4	89	23.14
20	5.20	55	14.30	90	23.40
21	5.46	56	14 56	91	23.66
22	5.72	57	14.82	92	23.92
23	5.98	58	15 8	93	24.18
24	6.24	59	15.34	94	24.44
25	6.50	60	15.60	95	24.70
26	6.76	61	15.86	96	24.96
27	7. 2	62	16.12	97	25.22
28	7.28	63	16.38	98	25.48
29	7.54	64	16.64	99	25.74
30	7.80	65	16.90	100	26.
31	8. 6	66	17.16	125	32.50
32	8.32	67	17.42	150	39.
33	8.58	68	17.68	175	45.50
34	8.84	69	17.94	200	52.
35	9.10	70	18.20	225	58.50

At 27 Cents.

No.	Dols. Cts.	No.	Dols. Cts.	No.	Dols. Cts.
1	.27	36	9.72	71	19.17
2	.54	37	9.99	72	19.44
3	.81	38	10.26	73	19.71
4	1. 8	39	10.53	74	19.98
5	1.35	40	10.80	75	20.25
6	1.62	41	11. 7	76	20.52
7	1.89	42	11.34	77	20.79
8	2.16	43	11.61	78	21. 6
9	2.43	44	11.88	79	21.33
10	2.70	45	12.15	80	21.60
11	2.97	46	12.42	81	21.87
12	3.24	47	12.69	82	22.14
13	3.51	48	12.96	83	22.41
14	3.78	49	13.23	84	22.68
15	4. 5	50	13.50	85	22.95
16	4.32	51	13.77	86	23.22
17	4.59	52	14. 4	87	23.49
18	4.86	53	14.31	88	23.76
19	5.13	54	14.58	89	24. 3
20	5.40	55	14.85	90	24.30
21	5.67	56	15.12	91	24.57
22	5.94	57	15.39	92	24.84
23	6.21	58	15.66	93	25.11
24	6.48	59	15.93	94	25.38
25	6.75	60	16.20	95	25.65
26	7. 2	61	16.47	96	25.92
27	7.29	62	16.74	97	26.19
28	7.56	63	17. 1	98	26.46
29	7.83	64	17.28	99	26.73
30	8.10	65	17.55	100	27.
31	8.37	66	17.82	125	33.75
32	8.64	67	18. 9	150	40.50
33	8.91	68	18.36	175	47.25
34	9.18	69	18.63	200	54.
35	9.45	70	18.90	225	60.75

At 28 Cents.

No.	Dols. Cts.	No.	Dols. Cts.	No.	Dols. Cts.
1	.28	36	10. 8	71	19.88
2	.56	37	10.36	72	20.16
3	.84	38	10.64	73	20.44
4	1.12	39	10.92	74	20.72
5	1.40	40	11.20	75	21.
6	1.68	41	11.48	76	21.28
7	1.96	42	11.76	77	21.56
8	2.24	43	12. 4	78	21.84
9	2.52	44	12.32	79	22.12
10	2.80	45	12.60	80	22.40
11	3. 8	46	12.88	81	22.68
12	3.36	47	13.16	82	22.96
13	3.64	48	13.44	83	23.24
14	3.92	49	13.72	84	23.52
15	4.20	50	14.	85	23.80
16	4.48	51	14.28	86	24. 8
17	4.76	52	14.56	87	24.36
18	5. 4	53	14.84	88	24.64
19	5.32	54	15.12	89	24.92
20	5.60	55	15.40	90	25.20
21	5.88	56	15.68	91	25.48
22	6.16	57	15.96	92	25.76
23	6.44	58	16.24	93	26. 4
24	6.72	59	16.52	94	26.32
25	7.	60	16.80	95	26.60
26	7.28	61	17. 8	96	26.88
27	7.56	62	17.36	97	27.16
28	7.84	63	17.64	98	27.44
29	8.12	64	17.92	99	27.72
30	8.40	65	18.20	100	28.
31	8.68	66	18.48	125	35
32	8.96	67	18.76	150	42.
33	9.24	68	19. 4	175	49.
34	9.52	69	19.32	200	56
35	9.80	70	19.60	225	63.

At 29 Cents.

No.	Dols. Cts.	No.	Dols. Cts.	No.	Dols. Cts.
1	.29	36	10.44	71	20.59
2	.58	37	10.73	72	20.88
3	.87	38	11. 2	73	21.17
4	1.16	39	11.31	74	21.46
5	1.45	40	11.60	75	21.75
6	1.74	41	11.89	76	22. 4
7	2. 3	42	12.18	77	22.33
8	2.32	43	12.47	78	22.62
9	2.61	44	12.76	79	22.91
10	2.90	45	13. 5	80	23.20
11	3.19	46	13.34	81	23.49
12	3.48	47	13.63	82	23.78
13	3.77	48	13.92	83	24. 7
14	4. 6	49	14.21	84	24.36
15	4.35	50	14.50	85	24.65
16	4.64	51	14.79	86	24.94
17	4.93	52	15. 8	87	25.23
18	5.22	53	15.37	88	25.52
19	5.51	54	15.66	89	25.81
20	5.80	55	15.95	90	26.10
21	6. 9	56	16.24	91	26.39
22	6.38	57	16.53	92	26.68
23	6.67	58	16.82	93	26.97
24	6.96	59	17.11	94	27.26
25	7.25	60	17.40	95	27.55
26	7.54	61	17.69	96	27.84
27	7.83	62	17.98	97	28.13
28	8.12	63	18.27	98	28.42
29	8.41	64	18.56	99	28.71
30	8.70	65	18.85	100	29.
31	8.99	66	19.14	125	36.25
32	9.28	67	19.43	150	43.50
33	9.57	68	19.72	175	50.75
34	9.86	69	20. 1	200	58.
35	10.15	70	20.30	225	65.25

At 30 Cents.

No.	Dols. Cts.	No.	Dols. Cts.	No.	Dols. Cts.
1	.30	36	10.80	71	21.30
2	.60	37	11.10	72	21.60
3	.90	38	11.40	73	21.90
4	1.20	39	11.70	74	22.20
5	1.50	40	12.	75	22.50
6	1.80	41	12.30	76	22.80
7	2.10	42	12.60	77	23.10
8	2.40	43	12.90	78	23.40
9	2.70	44	13.20	79	23.70
10	3.	45	13.50	80	24.
11	3.30	46	13.80	81	24.30
12	3.60	47	14.10	82	24.60
13	3.90	48	14.40	83	24.90
14	4.20	49	14.70	84	25.20
15	4.50	50	15.	85	25.50
16	4.80	51	15.30	86	25.80
17	5.10	52	15.60	87	26.10
18	5.40	53	15.90	88	26.40
19	5.70	54	16.20	89	26.70
20	6.	55	16.50	90	27.
21	6.30	56	16.80	91	27.30
22	6.60	57	17.10	92	27.60
23	6.90	58	17.40	93	27.90
24	7.20	59	17.70	94	28.20
25	7.50	60	18.	95	28.50
26	7.80	61	18.30	96	28.80
27	8.10	62	18.60	97	29.10
28	8.40	63	18.90	98	29.40
29	8.70	64	19.20	99	29.70
30	9.	65	19.50	100	30.
31	9.30	66	19.80	125	37.50
32	9.60	67	20.10	150	45.
33	9.90	68	20.40	175	52.50
34	10.20	69	20.70	200	60.
35	10.50	70	21.	225	67.50

At 31 Cents.

No.	Dols. Cts.	No.	Dols. Cts.	No.	Dols. Cts.
1	.31	36	11.16	71	22. 1
2	.62	37	11.47	72	22.32
3	.93	38	11.78	73	22.63
4	1.24	39	12. 9	74	22.94
5	1.55	40	12.40	75	23.25
6	1.86	41	12.71	76	23.56
7	2.17	42	13. 2	77	23.87
8	2.48	43	13.33	78	24.18
9	2.79	44	13.64	79	24.49
10	3.10	45	13.95	80	24.80
11	3.41	46	14.26	81	25.11
12	3.72	47	14.57	82	25.42
13	4. 3	48	14.88	83	25.73
14	4.34	49	15.19	84	26. 4
15	4.65	50	15.50	85	26.35
16	4.96	51	15.81	86	26.66
17	5.27	52	16.12	87	26.97
18	5.58	53	16.43	88	27.28
19	5.89	54	16.74	89	27.59
20	6.20	55	17. 5	90	27.90
21	6.51	56	17.36	91	28.21
22	6.82	57	17.67	92	28.52
23	7.13	58	17.98	93	28.83
24	7.44	59	18.29	94	29.14
25	7.75	60	18.60	95	29.45
26	8. 6	61	18.91	96	29.76
27	8.37	62	19.22	97	30. 7
28	8.68	63	19.53	98	30.38
29	8.99	64	19.84	99	30.69
30	9.30	65	20.15	100	31.
31	9.61	66	20.46	125	38.75
32	9.92	67	20.77	150	46.50
33	10.23	68	21. 8	175	54.25
34	10.54	69	21.39	200	62.
35	10.85	70	21.70	225	69.75

At 31¼ Cents, or $\frac{5}{16}$ of a Dollar.

No.	Dols. Cts.	No.	Dols. Cts.	No.	Dols. Cts.
1	.31¼	36	11.25	71	22.18¾
2	.62½	37	11.56¼	72	22.50
3	.93¾	38	11.87½	73	22.81¼
4	1.25	39	12.18¾	74	23.12½
5	1.56¼	40	12.50	75	23.43¾
6	1.87½	41	12.81¼	76	23.75
7	2.18¾	42	13.12½	77	24. 6¼
8	2.50	43	13.43¾	78	24.37½
9	2.81¼	44	13.75	79	24.68¾
10	3.12½	45	14. 6¼	80	25.
11	3.43¾	46	14.37½	81	25 31¼
12	3.75	47	14.68¾	82	25 62½
13	4. 6¼	48	15.	83	25 93¾
14	4.37½	49	15.31¼	84	26 25
15	4.68¾	50	15.62½	85	26 56¼
16	5.	51	15.93¾	86	26.87½
17	5.31¼	52	16.25	87	27.18¾
18	5.62½	53	16.56¼	88	27.50
19	5.93¾	54	16.87½	89	27.81¼
20	6.25	55	17.18¾	90	28.12½
21	6.56¼	56	17.50	91	28.43¾
22	6.87½	57	17.81¼	92	28.75
23	7.18¾	58	18.12½	93	29. 6¼
24	7.50	59	18.43¾	94	29.37½
25	7.81¼	60	18.75	95	29.68¾
26	8.12½	61	19. 6¼	96	30.
27	8.43¾	62	19.37½	97	30.31¼
28	8.75	63	19.68¾	98	30.62½
29	9. 6¼	64	20.	99	30.93¾
30	9.37½	65	20.31¼	100	31.25
31	9.68¾	66	20.62½	125	39. 6¼
32	10.	67	20.93¾	150	46.87½
33	10.31¼	68	21.25	175	54.68¾
34	10.62½	69	21.56¼	200	62.50
35	10.93¾	70	21.87½	225	70.31¼

At 32 Cents.

No.	Dols. Cts.	No.	Dols. Cts.	No.	Dols. Cts.
1	.32	36	11.52	71	22.72
2	.64	37	11.84	72	23. 4
3	.96	38	12.16	73	23.36
4	1.28	39	12.48	74	23.68
5	1.60	40	12.80	75	24.
6	1.92	41	13.12	76	24.32
7	2.24	42	13.44	77	24.64
8	2.56	43	13.76	78	24.96
9	2.88	44	14. 8	79	25.28
10	3.20	45	14.40	80	25.60
11	3.52	46	14.72	81	25.92
12	3.84	47	15. 4	82	26.24
13	4.16	48	15.36	83	26.56
14	4.48	49	15.68	84	26.88
15	4.80	50	16.	85	27.20
16	5.12	51	16.32	86	27.52
17	5.44	52	16.64	87	27.84
18	5.76	53	16.96	88	28.16
19	6. 8	54	17.28	89	28.48
20	6.40	55	17.60	90	28.80
21	6.72	56	17.92	91	29.12
22	7. 4	57	18.24	92	29.44
23	7.36	58	18.56	93	29.76
24	7.68	59	18.88	94	30. 8
25	8.	60	19.20	95	30.40
26	8.32	61	19.52	96	30.72
27	8.64	62	19.84	97	31. 4
28	8.96	63	20.16	98	31.36
29	9.28	64	20.48	99	31.68
30	9.60	65	20.80	100	32.
31	9.92	66	21.12	125	40.
32	10.24	67	21.44	150	48.
33	10.56	68	21.76	175	56.
34	10.88	69	22. 8	200	64.
35	11.20	70	22.40	225	72.

At 33 Cents.

No.	Dols. Cts.	No.	Dols. Cts.	No.	Dols. Cts.
1	.33	36	11.88	71	23.43
2	.66	37	12.21	72	23.76
3	.99	38	12.54	73	24. 9
4	1.32	39	12.87	74	24.42
5	1.65	40	13.20	75	24.75
6	1.98	41	13.53	76	25. 8
7	2.31	42	13.86	77	25.41
8	2.64	43	14.19	78	25.74
9	2.97	44	14.52	79	26. 7
10	3.30	45	14.85	80	26.40
11	3.63	46	15.18	81	26.73
12	3.96	47	15.51	82	27. 6
13	4.29	48	15.84	83	27.39
14	4.62	49	16.17	84	27.72
15	4.95	50	16.50	85	28. 5
16	5.28	51	16.83	86	28.38
17	5.61	52	17.16	87	28.71
18	5.94	53	17.49	88	29. 4
19	6.27	54	17.82	89	29.37
20	6.60	55	18.15	90	29.70
21	6.93	56	18.48	91	30. 3
22	7.26	57	18.81	92	30.36
23	7.59	58	19.14	93	30.69
24	7.92	59	19.47	94	31. 2
25	8.25	60	19.80	95	31.35
26	8.58	61	20.13	96	31.68
27	8.91	62	20.46	97	32. 1
28	9.24	63	20.79	98	32.34
29	9.57	64	21.12	99	32.67
30	9.90	65	21.45	100	33.
31	10.23	66	21.78	125	41.25
32	10.56	67	22.11	150	49.50
33	10.89	68	22.44	175	57.75
34	11.22	69	22.77	200	66.
35	11.55	70	23.10	225	74.25

At 33⅓ Cents, or ⅓ of a Dollar.

No.	Dols. Cts.	No.	Dols. Cts.	No.	Dols. Cts.
1	.33⅓	36	12.	71	23.66⅔
2	.66⅔	37	12.33⅓	72	24.
3	1.	38	12.66⅔	73	24.33⅓
4	1.33⅓	39	13.	74	24.66⅔
5	1.66⅔	40	13.33⅓	75	25.
6	2.	41	13.66⅔	76	25.33⅓
7	2.33⅓	42	14.	77	25.66⅔
8	2.66⅔	43	14.33⅓	78	26.
9	3.	44	14.66⅔	79	26.33⅓
10	3.33⅓	45	15.	80	26.66⅔
11	3.66⅔	46	15.33⅓	81	27.
12	4.	47	15.66⅔	82	27.33⅓
13	4.33⅓	48	16.	83	27.66⅔
14	4.66⅔	49	16.33⅓	84	28.
15	5.	50	16.66⅔	85	28.33⅓
16	5.33⅓	51	17.	86	28.66⅔
17	5.66⅔	52	17.33⅓	87	29.
18	6.	53	17.66⅔	88	29.33⅓
19	6.33⅓	54	18.	89	29.66⅔
20	6.66⅔	55	18.33⅓	90	30.
21	7.	56	18.66⅔	91	30.33⅓
22	7.33⅓	57	19.	92	30.66⅔
23	7.66⅔	58	19.33⅓	93	31.
24	8.	59	19.66⅔	94	31.33⅓
25	8.33⅓	60	20.	95	31.66⅔
26	8.66⅔	61	20.33⅓	96	32.
27	9.	62	20.66⅔	97	32.33⅓
28	9.33⅓	63	21.	98	32.66⅔
29	9.66⅔	64	21.33⅓	99	33.
30	10.	65	21.66⅔	100	33.33⅓
31	10.33⅓	66	22.	125	41.66⅔
32	10.66⅔	67	22.33⅓	150	50.
33	11.	68	22.66⅔	175	58.33⅓
34	11.33⅓	69	23.	200	66.66⅔
35	11.66⅔	70	23.33⅓	225	75.

At 34 Cents.

No.	Dols. Cts.	No.	Dols. Cts.	No.	Dols. Cts.
1	.34	36	12.24	71	24.14
2	.68	37	12.58	72	24.48
3	1.2	38	12.92	73	24.82
4	1.36	39	13.26	74	25.16
5	1.70	40	13.60	75	25.50
6	2.4	41	13.94	76	25.84
7	2.38	42	14.28	77	26.18
8	2.72	43	14.62	78	26.52
9	3.6	44	14.96	79	26.86
10	3.40	45	15.30	80	27.20
11	3.74	46	15.64	81	27.54
12	4.8	47	15.98	82	27.88
13	4.42	48	16.32	83	28.22
14	4.76	49	16.66	84	28.56
15	5.10	50	17.	85	28.90
16	5.44	51	17.34	86	29.24
17	5.78	52	17.68	87	29.58
18	6.12	53	18.2	88	29.92
19	6.46	54	18.36	89	30.26
20	6.80	55	18.70	90	30.60
21	7.14	56	19.4	91	30.94
22	7.48	57	19.38	92	31.28
23	7.82	58	19.72	93	31.62
24	8.16	59	20.6	94	31.96
25	8.50	60	20.40	95	32.30
26	8.84	61	20.74	96	32.64
27	9.18	62	21.8	97	32.98
28	9.52	63	21.42	98	33.32
29	9.86	64	21.76	99	33.66
30	10.20	65	22.10	100	34.
31	10.54	66	22.44	125	42.50
32	10.88	67	22.78	150	51.
33	11.22	68	23.12	175	59.50
34	11.56	69	23.46	200	68.
35	11.90	70	23.80	225	76.25

At 35 Cents.

No.	Dols. Cts.	No.	Dols. Cts.	No.	Dols. Cts.
1	.35	36	12.60	71	24.85
2	.70	37	12.95	72	25.20
3	1. 5	38	13.30	73	25.55
4	1.40	39	13.65	74	25.90
5	1.75	40	14.	75	26.25
6	2.10	41	14.35	76	26.60
7	2.45	42	14.70	77	26.95
8	2.80	43	15. 5	78	27.30
9	3.15	44	15.40	79	27.65
10	3.50	45	15.75	80	28.
11	3.85	46	16.10	81	28.35
12	4.20	47	16.45	82	28.70
13	4.55	48	16.80	83	29. 5
14	4.90	49	17.15	84	29.40
15	5.25	50	17.50	85	29.75
16	5.60	51	17.85	86	30.10
17	5.95	52	18.20	87	30.45
18	6.30	53	18.55	88	30.80
19	6.65	54	18.90	89	31.15
20	7.	55	19.25	90	31.50
21	7.35	56	19.60	91	31.85
22	7.70	57	19.95	92	32.20
23	8. 5	58	20.30	93	32.55
24	8.40	59	20.65	94	32.90
25	8.75	60	21.	95	33.25
26	9.10	61	21.35	96	33.60
27	9.45	62	21.70	97	33.95
28	9.80	63	22. 5	98	34.30
29	10.15	64	22.40	99	34.65
30	10.50	65	22.75	100	35.
31	10.85	66	23.10	125	43.75
32	11.20	67	23.45	150	52.50
33	11.55	68	23.80	175	61.25
34	11.90	69	24.15	200	70.
35	12.25	70	24.50	225	78.75

No.	Dols. Cts.	No.	Dols. Cts.	No.	Dols. Cts.
1	.36	36	12.96	71	25.56
2	.72	37	13.32	72	25.92
3	1. 8	38	13.68	73	26.28
4	1.44	39	14. 4	74	26.64
5	1.80	40	14.40	75	27.
6	2.16	41	14.76	76	27.36
7	2.52	42	15.12	77	27.72
8	2.88	43	15.48	78	28. 8
9	3.24	44	15.84	79	28.44
10	3.60	45	16.20	80	28.80
11	3.96	46	16.56	81	29.16
12	4.32	47	16.92	82	29.52
13	4.68	48	17.28	83	29.88
14	5. 4	49	17.64	84	30.24
15	5.40	50	18.	85	30.60
16	5.76	51	18.36	86	30.96
17	6.12	52	18.72	87	31.32
18	6.48	53	19. 8	88	31.68
19	6.84	54	19.44	89	32. 4
20	7.20	55	19.80	90	32.40
21	7.56	56	20.16	91	32.76
22	7.92	57	20.52	92	33.12
23	8.28	58	20.88	93	33.48
24	8.64	59	21.24	94	33.84
25	9.	60	21.60	95	34.20
26	9.36	61	21.96	96	34.56
27	9.72	62	22.32	97	34.92
28	10. 8	63	22.68	98	35.28
29	10.44	64	23. 4	99	35.64
30	10.80	65	23.40	100	36.
31	11.16	66	23.76	125	45.
32	11.52	67	24.12	150	54.
33	11.88	68	24.48	175	63.
34	12.24	69	24.84	200	72.
35	12.60	70	25.20	225	81.

No.	Dols. Cts.	No.	Dols. Cts.	No.	Dols. Cts.
1	.37	36	13.32	71	26.27
2	.74	37	13.69	72	26.64
3	1.11	38	14. 6	73	27. 1
4	1.48	39	14.43	74	27.38
5	1.85	40	14.80	75	27.75
6	2.22	41	15.17	76	28.12
7	2.59	42	15.54	77	28.49
8	2.96	43	15.91	78	28.86
9	3.33	44	16.28	79	29.23
10	3.70	45	16.65	80	29.60
11	4. 7	46	17. 2	81	29.97
12	4.44	47	17.39	82	30.34
13	4.81	48	17.76	83	30.71
14	5.18	49	18.13	84	31. 8
15	5.55	50	18.50	85	31.45
16	5.92	51	18.87	86	31.82
17	6.29	52	19.24	87	32.19
18	6.66	53	19.61	88	32.56
19	7. 3	54	19.98	89	32.93
20	7.40	55	20.35	90	33.30
21	7.77	56	20.72	91	33.67
22	8.14	57	21. 9	92	34. 4
23	8.51	58	21.46	93	34.41
24	8.88	59	21.83	94	34.78
25	9.25	60	22.20	95	35.15
26	9.62	61	22.57	96	35.52
27	9.99	62	22.94	97	35.89
28	10.36	63	23.31	98	36.26
29	10.73	64	23.68	99	36.63
30	11.10	65	24. 5	100	37.
31	11.47	66	24.42	125	46.25
32	11.84	67	24.79	150	55.50
33	12.21	68	25.16	175	64.75
34	12.58	69	25.53	200	74.
35	12.95	70	25.90	225	83.25

At 37½ Cents, or ⅜ of a Dollar.

No.	Dols. Cts.	No.	Dols. Cts.	No.	Dols. Cts.
1	.37½	36	13.50	71	26.62½
2	.75	37	13.87½	72	27.
3	1.12½	38	14.25	73	27.37½
4	1.50	39	14.62½	74	27.75
5	1.87½	40	15.	75	28.12½
6	2.25	41	15.37½	76	28.50
7	2.62½	42	15.75	77	28.87½
8	3.	43	16.12½	78	29.25
9	3.37½	44	16.50	79	29.62½
10	3.75	45	16.87½	80	30.
11	4.12½	46	17.25	81	30.37½
12	4.50	47	17.62½	82	30.75
13	4.87½	48	18.	83	31.12½
14	5.25	49	18.37½	84	31.50
15	5.62½	50	18.75	85	31.87½
16	6.	51	19.12½	86	32.25
17	6.37½	52	19.50	87	32.62½
18	6.75	53	19.87½	88	33.
19	7.12½	54	20.25	89	33.37½
20	7.50	55	20.62½	90	33.75
21	7.87½	56	21.	91	34.12½
22	8.25	57	21.37½	92	34.50
23	8.62½	58	21.75	93	34.87½
24	9.	59	22.12½	94	35.25
25	9.37½	60	22.50	95	35.62½
26	9.75	61	22.87½	96	36.
27	10.12½	62	23.25	97	36.37½
28	10.50	63	23.62½	98	36.75
29	10.87½	64	24.	99	37.12½
30	11.25	65	24.37½	100	37.50
31	11.62½	66	24.75	125	46.87½
32	12.	67	25.12½	150	56.25
33	12.37½	68	25.50	175	65.62½
34	12.75	69	25.87½	200	75.
35	13.12½	70	26.25	225	84.37½

No.	Dols. Cts.	No.	Dols. Cts.	No.	Dols. Cts.
1	.38	36	13.68	71	26.98
2	.76	37	14. 6	72	27.36
3	1.14	38	14.44	73	27 74
4	1.52	39	14.82	74	28.12
5	1.90	40	15.20	75	28.50
6	2.28	41	15.58	76	28.88
7	2.66	42	15.96	77	29.26
8	3. 4	43	16.34	78	29.64
9	3.42	44	16.72	79	30. 2
10	3.80	45	17.10	80	30.40
11	4.18	46	17.48	81	30.78
12	4.56	47	17.86	82	31.16
13	4.94	48	18.24	83	31.54
14	5.32	49	18.62	84	31.92
15	5.70	50	19.	85	32.30
16	6. 8	51	19.38	86	32.68
17	6.46	52	19.76	87	33. 6
18	6.84	53	20.14	88	33.44
19	7.22	54	20.52	89	33.82
20	7.60	55	20.90	90	34.20
21	7.98	56	21.28	91	34.58
22	8.36	57	21.66	92	34.96
23	8.74	58	22. 4	93	35.34
24	9.12	59	22.42	94	35.72
25	9.50	60	22.80	95	36.10
26	9.88	61	23.18	96	36.48
27	10.26	62	23.56	97	36.86
28	10.64	63	23.94	98	37.24
29	11. 2	64	24.32	99	37.62
30	11.40	65	24.70	100	38.
31	11.78	66	25. 8	125	47.50
32	12.16	67	25.46	150	57.
33	12.54	68	25.84	175	66.50
34	12.92	69	26.22	200	76.
35	13.36	70	26.60	225	85.50

At 39 Cents.

No.	Dols. Cts.	No.	Dols. Cts.	No.	Dcls. Cts.
1	.39	36	14. 4	71	27.69
2	.78	37	14.43	72	28. 8
3	1.17	38	14.82	73	28.47
4	1.56	39	15.21	74	28.86
5	1.95	40	15.60	75	29.25
6	2.34	41	15.99	76	29.64
7	2.73	42	16.38	77	30. 3
8	3.12	43	16.77	78	30.42
9	3.51	44	17.16	79	30.81
10	3.90	45	17.55	80	31.20
11	4.29	46	17.94	81	31.59
12	4.68	47	18.33	82	31.98
13	5. 7	48	18.72	83	32.37
14	5.46	49	19.11	84	32.76
15	5.85	50	19.50	85	33.15
16	6.24	51	19.89	86	33.54
17	6.63	52	20.28	87	33.93
18	7. 2	53	20.67	88	34.32
19	7.41	54	21. 6	89	34.71
20	7.80	55	21.45	90	35.10
21	8.19	56	21.84	91	35.49
22	8.58	57	22.23	92	35.88
23	8.97	58	22.62	93	36.27
24	9.36	59	23. 1	94	36.66
25	9.75	60	23.40	95	37. 5
26	10.14	61	23.79	96	37.44
27	10.53	62	24.18	97	37.83
28	10.92	63	24.57	98	38.22
29	11.31	64	24.96	99	38.61
30	11.70	65	25.35	100	39.
31	12. 9	66	25.74	125	48.75
32	12.48	67	26.13	150	58.50
33	12.87	68	26.52	175	68.25
34	13.26	69	26.91	200	78.
35	13.65	70	27.30	225	87.75

At 40 Cents.

No.	Dols. Cts.	No.	Dols. Cts.	No.	Dols. Cts.
1	.40	36	14.40	71	28.40
2	.80	37	14.80	72	28.80
3	1.20	38	15.20	73	29.20
4	1.60	39	15.60	74	29.60
5	2.	40	16.	75	30.
6	2.40	41	16.40	76	30.40
7	2.80	42	16.80	77	30.80
8	3.20	43	17.20	78	31.20
9	3.60	44	17.60	79	31.60
10	4.	45	18.	80	32.
11	4.40	46	18.40	81	32.40
12	4.80	47	18.80	82	32.80
13	5.20	48	19.20	83	33.20
14	5.60	49	19.60	84	33.60
15	6.	50	20.	85	34.
16	6.40	51	20.40	86	34.40
17	6.80	52	20.80	87	34.80
18	7.20	53	21.20	88	35.20
19	7.60	54	21.60	89	35.60
20	8.	55	22.	90	36.
21	8.40	56	22.40	91	36.40
22	8.80	57	22.80	92	36.80
23	9.20	58	23.20	93	37.20
24	9.60	59	23.60	94	37.60
25	10.	60	24.	95	38.
26	10.40	61	24.40	96	38.40
27	10.80	62	24.80	97	38.80
28	11.20	63	25.20	98	39.20
29	11.60	64	25.60	99	39.60
30	12.	65	26.	100	40.
31	12.40	66	26.40	125	50.
32	12.80	67	26.80	150	60.
33	13.20	68	27.20	175	70.
34	13.60	69	27.60	200	80.
35	14.	70	28.	225	90.

At 41 Cents.

No.	Dols. Cts.	No.	Dols. Cts.	No.	Dols. Cts.
1	.41	36	14.76	71	29.11
2	.82	37	15.17	72	29.52
3	1.23	38	15.58	73	29.93
4	1.64	39	15.99	74	30.34
5	2. 5	40	16.40	75	30.75
6	2.46	41	16.81	76	31.16
7	2.87	42	17.22	77	31.57
8	3.28	43	17.63	78	31.98
9	3.69	44	18. 4	79	32.39
10	4.10	45	18.45	80	32.80
11	4.51	46	18.86	81	33.21
12	4.92	47	19.27	82	33.62
13	5.33	48	19.68	83	34. 3
14	5.74	49	20. 9	84	34.44
15	6.15	50	20.50	85	34.85
16	6.56	51	20.91	86	35.26
17	6.97	52	21.32	87	35.67
18	7.38	53	21.73	88	36. 8
19	7.79	54	22.14	89	36.49
20	8.20	55	22.55	90	36.90
21	8.61	56	22.96	91	37.31
22	9. 2	57	23.37	92	37.72
23	9.43	58	23.78	93	38.13
24	9.84	59	24.19	94	38.54
25	10.25	60	24.60	95	38.95
26	10.66	61	25. 1	96	39.36
27	11. 7	62	25.42	97	39.77
28	11.48	63	25.83	98	40.18
29	11.89	64	26.24	99	40.59
30	12.30	65	26.65	100	41.
31	12.71	66	27. 6	125	51.25
32	13.12	67	27.47	150	61.50
33	13.53	68	27.88	175	71.75
34	13.94	69	28.29	200	82.
35	14.35	70	28.70	225	92.25

At 42 Cents.

No.	Dols. Cts.	No.	Dols. Cts.	No.	Dols. Cts.
1	.42	36	15.12	71	29.82
2	.84	37	15.54	72	30.24
3	1.26	38	15.96	73	30.66
4	1.68	39	16.38	74	31. 8
5	2.10	40	16.80	75	31.50
6	2.52	41	17.22	76	31.92
7	2.94	42	17.64	77	32.34
8	3.36	43	18. 6	78	32.76
9	3.78	44	18.48	79	33.18
10	4.20	45	18.90	80	33.60
11	4.62	46	19.32	81	34. 2
12	5. 4	47	19.74	82	34.44
13	5.46	48	20.16	83	34.86
14	5.88	49	20.58	84	35.28
15	6.30	50	21.	85	35.70
16	6.72	51	21.42	86	36.12
17	7.14	52	21.84	87	36.54
18	7.56	53	22.26	88	36.96
19	7.98	54	22.68	89	37.38
20	8.40	55	23.10	90	37.80
21	8.82	56	23.52	91	38.22
22	9.24	57	23.94	92	38.64
23	9.66	58	24.36	93	39. 6
24	10. 8	59	24.78	94	39.48
25	10.50	60	25.20	95	39.90
26	10.92	61	25.62	96	40.32
27	11.34	62	26. 4	97	40.74
28	11.76	63	26.46	98	41.16
29	12.18	64	26.88	99	41.58
30	12.60	65	27.30	100	42.
31	13. 2	66	27.72	125	52.50
32	13.44	67	28.14	150	63.
33	13.86	68	28.56	175	73.50
34	14.28	69	28.98	200	84.
35	14.70	70	29.40	225	94.50

At 43 Cents.

No.	Dols. Cts.	No.	Dols. Cts.	No.	Dols. Cts.
1	.43	36	15.48	71	30.53
2	.86	37	15.91	72	30.96
3	1.29	38	16.34	73	31.39
4	1.72	39	16.77	74	31.82
5	2.15	40	17.20	75	32.25
6	2.58	41	17.63	76	32.68
7	3. 1	42	18. 6	77	33.11
8	3.44	43	18.49	78	33.54
9	3.87	44	18.92	79	33.97
10	4.30	45	19.35	80	34.40
11	4.73	46	19.78	81	34.83
12	5.16	47	20.21	82	35.26
13	5.59	48	20.64	83	35.69
14	6. 2	49	21. 7	84	36.12
15	6.45	50	21.50	85	36.55
16	6.88	51	21.93	86	36.98
17	7.31	52	22.36	87	37.41
18	7.74	53	22.79	88	37.84
19	8.17	54	23.22	89	38.27
20	8.60	55	23.65	90	38.70
21	9. 3	56	24. 8	91	39.13
22	9.46	57	24.51	92	39.56
23	9.8	58	24.94	93	39.99
24	10.32	59	25.37	94	40.42
25	10.75	60	25.80	95	40.85
26	11.18	61	26.23	96	41.28
27	11.61	62	26.66	97	41.71
28	12. 4	63	27. 9	98	42.14
29	12.47	64	27.52	99	42.57
30	12.90	65	27.95	100	43.
31	13.33	66	28.38	125	53.75
32	13.76	67	28.81	150	64.50
33	14.19	68	29.24	175	75.25
34	14.62	69	29.67	200	86.
35	15. 5	70	30.10	225	96.75

At 43¾ Cents, or $\frac{7}{16}$ of a Dollar.

No.	Dols. Cts.	No.	Dols. Cts.	No.	Dols. Cts.
1	.43¾	36	15.75	71	31. 6¼
2	.87½	37	16.18¾	72	31.50
3	1.31¼	38	16.62½	73	31.93¾
4	1.75	39	17. 6¼	74	32.37½
5	2.18¾	40	17.50	75	32.81¼
6	2.62½	41	17.93¾	76	33.25
7	3. 6¼	42	18.37½	77	33.68¾
8	3.50	43	18.81¼	78	34.12½
9	3.93¾	44	19.25	79	34.56¼
10	4.37½	45	19.68¾	80	35.
11	4.81¼	46	20.12½	81	35.43¾
12	5.25	47	20.56¼	82	35.87½
13	5.68¾	48	21.	83	36.31¼
14	6.12½	49	21.43¾	84	36.75
15	6.56¼	50	21.87½	85	37.18¾
16	7.	51	22.31¼	86	37.62½
17	7.43¾	52	22.75	87	38. 6¼
18	7.87½	53	23.18¾	88	38.50
19	8.31¼	54	23.62½	89	38.93¾
20	8.75	55	24. 6¼	90	39.37½
21	9.18¾	56	24.50	91	39.81¼
22	9.62½	57	24.93¾	92	40.25
23	10. 6¼	58	25.37½	93	40.68¾
24	10.50	59	25.81¼	94	41.12½
25	10.93¾	60	26.25	95	41.56¼
26	11.37½	61	26.68¾	96	42.
27	11.81¼	62	27.12½	97	42.43¾
28	12.25	63	27.56¼	98	42.87½
29	12.68¾	64	28.	99	43.31¼
30	13.12½	65	28.43¾	100	43.75
31	13.56¼	66	28.87½	125	54.68¾
32	14.	67	29.31¼	150	65.62½
33	14.43¾	68	29.75	175	76.56¼
34	14.87½	69	30.18¾	200	87.50
35	15.31¼	70	30.62½	225	98.43¾

At 44 Cents.

No.	Dols. Cts.	No.	Dols. Cts.	No.	Dols. Cts.
1	.44	36	15.84	71	31.24
2	.88	37	16.28	72	31.68
3	1.32	38	16.72	73	32.12
4	1.76	39	17.16	74	32.56
5	2.20	40	17.60	75	33.
6	2.64	41	18.4	76	33.44
7	3.8	42	18.48	77	33.88
8	3.52	43	18.92	78	34.32
9	3.96	44	19.36	79	34.76
10	4.40	45	19.80	80	35.20
11	4.84	46	20.24	81	35.64
12	5.28	47	20.68	82	36.8
13	5.72	48	21.12	83	36.52
14	6.16	49	21.56	84	36.96
15	6.60	50	22.	85	37.40
16	7.4	51	22.44	86	37.84
17	7.48	52	22.88	87	38.28
18	7.92	53	23.32	88	38.72
19	8.36	54	23.76	89	39.16
20	8.80	55	24.20	90	39.60
21	9.24	56	24.64	91	40.4
22	9.68	57	25.8	92	40.48
23	10.12	58	25.52	93	40.92
24	10.56	59	25.96	94	41.36
25	11.	60	26.40	95	41.80
26	11.44	61	26.84	96	42.24
27	11.88	62	27.28	97	42.68
28	12.32	63	27.72	98	43.12
29	12.76	64	28.16	99	43.56
30	13.20	65	28.60	100	44.
31	13.64	66	29.4	125	55.
32	14.8	67	29.48	150	66.
33	14.52	68	29.92	175	77.
34	14.96	69	30.36	200	88.
35	15.40	70	30.80	225	99.

At 45 Cents.

No.	Dols. Cts.	No.	Dols. Cts.	No.	Dols. Cts.
1	.45	36	16.20	71	31.95
2	.90	37	16.65	72	32.40
3	1.35	38	17.10	73	32.85
4	1.80	39	17.55	74	33.30
5	2.25	40	18.	75	33.75
6	2.70	41	18.45	76	34.20
7	3.15	42	18.90	77	34.65
8	3.60	43	19.35	78	35.10
9	4. 5	44	19.80	79	35.55
10	4.50	45	20.25	80	36.
11	4.95	46	20.70	81	36.45
12	5.40	47	21.15	82	36.90
13	5.85	48	21.60	83	37.35
14	6.30	49	22. 5	84	37.80
15	6.75	50	22.50	85	38.25
16	7.20	51	22.95	86	38.70
17	7.65	52	23.40	87	39.15
18	8.10	53	23.85	88	39.60
19	8.55	54	24.30	89	40. 5
20	9.	55	24.75	90	40.50
21	9.45	56	25.20	91	40.95
22	9.90	57	25.65	92	41.40
23	10.35	58	26.10	93	41.85
24	10.80	59	26.55	94	42.30
25	11.25	60	27.	95	42.75
26	11.70	61	27.45	96	43.20
27	12.15	62	27.90	97	43.65
28	12.60	63	28.35	98	44.10
29	13. 5	64	28 80	99	44.55
30	13.50	65	29.25	100	45.
31	13.95	66	29.70	125	56.25
32	14.40	67	30.15	150	67.50
33	14.85	68	30.60	175	78.75
34	15.30	69	31. 5	200	90.
35	15.75	70	31.50	225	101.25

At 46 Cents.

No.	Dols. Cts.	No.	Dols. Cts.	No.	Dols. Cts.
1	.46	36	16.56	71	32.66
2	.92	37	17. 2	72	33.12
3	1.38	38	17.48	73	33.58
4	1.84	39	17.94	74	34. 4
5	2.30	40	18.40	75	34.50
6	2.76	41	18.86	76	34.96
7	3.22	42	19.32	77	35.42
8	3.68	43	19.78	78	35.88
9	4.14	44	20.24	79	36.34
10	4.60	45	20.70	80	36.80
11	5. 6	46	21.16	81	37.26
12	5.52	47	21.62	82	37.72
13	5.98	48	22. 8	83	38.18
14	6.44	49	22.54	84	38.64
15	6.90	50	23.	85	39.10
16	7.36	51	23.46	86	39.56
17	7.82	52	23.92	87	40. 2
18	8.28	53	24.38	88	40.48
19	8.74	54	24.84	89	40.94
20	9.20	55	25.30	90	41.40
21	9.66	56	25.76	91	41.86
22	10.12	57	26.22	92	42.32
23	10.58	58	26.68	93	42.78
24	11. 4	59	27.14	94	43.24
25	11.50	60	27.60	95	43.70
26	11.96	61	28. 6	96	44.16
27	12.42	62	28.52	97	44.62
28	12.88	63	28.98	98	45. 8
29	13.34	64	29.44	99	45.54
30	13.80	65	29.90	100	46.
31	14.26	66	30.36	125	57.50
32	14.72	67	30.82	150	69.
33	15.18	68	31.28	175	80.50
34	15.64	69	31.74	200	92.
35	16.10	70	32.20	225	103.50

At 47 Cents.

No.	Dols. Cts.	No.	Dols. Cts.	No.	Dols. Cts.
1	.47	36	16.92	71	33.30
2	.94	37	17.39	72	33.84
3	1.41	38	17.86	73	34.31
4	1.88	39	18.33	74	34.78
5	2.35	40	18.80	75	35.25
6	2.82	41	19.27	76	35.72
7	3.29	42	19.74	77	36.19
8	3.76	43	20.21	78	36.66
9	4.23	44	20.68	79	37.13
10	4.70	45	21.15	80	37.60
11	5.17	46	21.62	81	38. 7
12	5.64	47	22. 9	82	38.54
13	6.11	48	22.56	83	39. 1
14	6.58	49	23. 3	84	39.48
15	7. 5	50	23.50	85	39.95
16	7.52	51	23.97	86	40.42
17	7.99	52	24.44	87	40.89
18	8.46	53	24.91	88	41.36
19	8.93	54	25.38	89	41.83
20	9.40	55	25.85	90	42.30
21	9.87	56	26.32	91	42.77
22	10.34	57	26.79	92	43.24
23	10.81	58	27.26	93	43.71
24	11.28	59	27.73	94	44.18
25	11.75	60	28.20	95	44.65
26	12.22	61	28.67	96	45.12
27	12.69	62	29.14	97	45.59
28	13.16	63	29.61	98	46. 6
29	13.63	64	30. 8	99	46.53
30	14.10	65	30.55	100	47.
31	14.57	66	31. 2	125	58.75
32	15. 4	67	31.49	150	70.50
33	15.51	68	31.96	175	82.25
34	15.98	69	32.43	200	94.
35	16.45	70	32.90	225	105.75

At 48 Cents.

No.	Dols. Cts.	No.	Dols. Cts.	No.	Dols. Cts.
1	.48	36	17.28	71	34. 8
2	.96	37	17.76	72	34.56
3	1.44	38	18.24	73	35. 4
4	1.92	39	18.72	74	35.52
5	2.40	40	19.20	75	36.
6	2.88	41	19.68	76	36.48
7	3.36	42	20.16	77	36.96
8	3.84	43	20.64	78	37.44
9	4.32	44	21.12	79	37.92
10	4.80	45	21.60	80	38.40
11	5.28	46	22. 8	81	38.88
12	5.76	47	22.56	82	39.36
13	6.24	48	23. 4	83	39.84
14	6.72	49	23.52	84	40.32
15	7.20	50	24.	85	40.80
16	7.68	51	24.48	86	41.28
17	8.16	52	24.96	87	41.76
18	8.64	53	25.44	88	42.24
19	9.12	54	25.92	89	42.72
20	9.60	55	26.40	90	43.20
21	10. 8	56	26.88	91	43.68
22	10.56	57	27.36	92	44.16
23	11. 4	58	27.84	93	44.64
24	11.52	59	28.32	94	45.12
25	12.	60	28.80	95	45.60
26	12.48	61	29.28	96	46. 8
27	12.96	62	29.76	97	46.56
28	13.44	63	30.24	98	47. 4
29	13.92	64	30.72	99	47.52
30	14.40	65	31.20	100	48.
31	14.88	66	31.68	125	60.
32	15.36	67	32.16	150	72.
33	15.84	68	32.64	175	84.
34	16.32	69	33.12	200	96.
35	16.80	70	33.60	225	108.

At 49 Cents.

No.	Dols. Cts.	No.	Dols. Cts.	No.	Dols. Cts.
1	.49	36	17.64	71	34.79
2	.98	37	18.13	72	35.28
3	1.47	38	18.62	73	35.77
4	1.96	39	19.11	74	36.26
5	2.45	40	19.60	75	36.75
6	2.94	41	20.9	76	37.24
7	3.43	42	20.58	77	37.73
8	3.92	43	21.7	78	38.22
9	4.41	44	21.56	79	38.71
10	4.90	45	22.5	80	39.20
11	5.39	46	22.54	81	39.69
12	5.88	47	23.3	82	40.18
13	6.37	48	23.52	83	40.67
14	6.86	49	24.1	84	41.16
15	7.35	50	24.50	85	41.65
16	7.84	51	24.99	86	42.14
17	8.33	52	25.48	87	42.63
18	8.82	53	25.97	88	43.12
19	9.31	54	26.46	89	43.61
20	9.80	55	26.95	90	44.10
21	10.29	56	27.44	91	44.59
22	10.78	57	27.93	92	45.8
23	11.27	58	28.42	93	45.57
24	11.76	59	28.91	94	46.6
25	12.25	60	29.40	95	46.55
26	12.74	61	29.89	96	47.4
27	13.23	62	30.38	97	47.53
28	13.72	63	30.87	98	48.2
29	14.21	64	31.36	99	48.51
30	14.70	65	31.85	100	49.
31	15.19	66	32.34	125	61.25
32	15.68	67	32.83	150	73.50
33	16.17	68	33.32	175	85.75
34	16.66	69	33.81	200	98.
35	17.15	70	34.30	225	110.25

At 50 Cents.

No.	Dols. Cts.	No.	Dols. Cts.	No.	Dols. Cts.
1	.50	36	18.	71	35.50
2	1.	37	18.50	72	36.
3	1.50	38	19.	73	36.50
4	2.	39	19.50	74	37.
5	2.50	40	20.	75	37.50
6	3.	41	20.50	76	38.
7	3.50	42	21.	77	38.50
8	4.	43	21.50	78	39.
9	4.50	44	22.	79	39.50
10	5.	45	22.50	80	40.
11	5.50	46	23.	81	40.50
12	6.	47	23.50	82	41.
13	6.50	48	24.	83	41.50
14	7.	49	24.50	84	42.
15	7.50	50	25.	85	42.50
16	8.	51	25.50	86	43.
17	8.50	52	26.	87	43.50
18	9.	53	26.50	88	44.
19	9.50	54	27.	89	44.50
20	10.	55	27.50	90	45.
21	10.50	56	28.	91	45.50
22	11.	57	28.50	92	46.
23	11.50	58	29.	93	46.50
24	12.	59	29.50	94	47
25	12.50	60	30.	95	47.50
26	13.	61	30.50	96	48.
27	13.50	62	31.	97	48.50
28	14.	63	31.50	98	49.
29	14.50	64	32.	99	49.50
30	15.	65	32.50	100	50.
31	15.50	66	33.	125	62.50
32	16.	67	33.50	150	75.
33	16.50	68	34.	175	87.50
34	17.	69	34.50	200	100.
35	17.50	70	35.	225	112.50

At 51 Cents.

No.	Dols. Cts.	No.	Dols. Cts.	No.	Dols. Cts.
1	.51	36	18.36	71	36.21
2	1.2	37	18.87	72	36.72
3	1.53	38	19.38	73	37.23
4	2.4	39	19.89	74	37.74
5	2.55	40	20.40	75	38.25
6	3.6	41	20.91	76	38.76
7	3.57	42	21.42	77	39.27
8	4.8	43	21.93	78	39.78
9	4.59	44	22.44	79	40.29
10	5.10	45	22.95	80	40.80
11	5.61	46	23.46	81	41.31
12	6.12	47	23.97	82	41.82
13	6.63	48	24.48	83	42.33
14	7.14	49	24.99	84	42.84
15	7.65	50	25.50	85	43.35
16	8.16	51	26.1	86	43.86
17	8.67	52	26.52	87	44.37
18	9.18	53	27.3	88	44.88
19	9.69	54	27.54	89	45.39
20	10.20	55	28.5	90	45.90
21	10.71	56	28.56	91	46.41
22	11.22	57	29.7	92	46.92
23	11.73	58	29.58	93	47.43
24	12.24	59	30.9	94	47.94
25	12.75	60	30.60	95	48.45
26	13.26	61	31.11	96	48.96
27	13.77	62	31.62	97	49.47
28	14.28	63	32.13	98	49.98
29	14.79	64	32.64	99	50.49
30	15.30	65	33.15	100	51.
31	15.81	66	33.66	125	63.75
32	16.32	67	34.17	150	76.50
33	16.83	68	34.68	175	89.25
34	17.34	69	35.19	200	102.
35	17.85	70	35.70	225	114.75

At 52 Cents.

No.	Dols. Cts.	No.	Dols. Cts.	No.	Dols. Cts.
1	.52	36	18.72	71	36.92
2	1. 4	37	19.24	72	37.44
3	1.56	38	19.76	73	37.96
4	2. 8	39	20.28	74	38.48
5	2.60	40	20.80	75	39.
6	3.12	41	21.32	76	39.52
7	3.64	42	21.84	77	40. 4
8	4.16	43	22.36	78	40.56
9	4.68	44	22.88	79	41. 8
10	5.20	45	23.40	80	41.60
11	5.72	46	23.92	81	42.12
12	6.24	47	24.44	82	42.64
13	6.76	48	24.96	83	43.16
14	7.28	49	25.48	84	43.68
15	7.80	50	26.	85	44.20
16	8.32	51	26.52	86	44.72
17	8.84	52	27. 4	87	45.24
18	9.36	53	27.56	88	45.76
19	9.88	54	28. 8	89	46.28
20	10.40	55	28.60	90	46.80
21	10.92	56	29.12	91	47.32
22	11.44	57	29.64	92	47.84
23	11.96	58	30.16	93	48.36
24	12.48	59	30.68	94	48.88
25	13.	60	31.20	95	49.40
26	13.52	61	31.72	96	49.92
27	14. 4	62	32.24	97	50.44
28	14.56	63	32.76	98	50.96
29	15. 8	64	33.28	99	51.48
30	15.60	65	33.80	100	52.
31	16.12	66	34.32	125	65.
32	16.64	67	34.84	150	78.
33	17.16	68	35.36	175	91.
34	17.68	69	35.88	200	104.
35	18.20	70	36.40	225	117.

At 53 Cents.

No.	Dols. Cts.	No.	Dols. Cts.	No.	Dols. Cts.
1	.53	36	19. 8	71	37.63
2	1. 6	37	19.61	72	38.16
3	1.59	38	20.14	73	38.69
4	2.12	39	20.67	74	39.22
5	2.65	40	21.20	75	39.75
6	3.18	41	21.73	76	40.28
7	3.71	42	22.26	77	40.81
8	4.24	43	22.79	78	41.34
9	4.77	44	23.32	79	41.87
10	5.30	45	23.85	80	42.40
11	5.83	46	24.38	81	42.93
12	6.36	47	24.91	82	43.46
13	6.89	48	25.44	83	43.99
14	7.42	49	25.97	84	44.52
15	7.95	50	26.50	85	45. 5
16	8.48	51	27. 3	86	45.58
17	9. 1	52	27.56	87	46.11
18	9.54	53	28. 9	88	46.64
19	10. 7	54	28.62	89	47.17
20	10.60	55	29.15	90	47.70
21	11.13	56	29.68	91	48.23
22	11.66	57	30.21	92	48.76
23	12.19	58	30.74	93	49.29
24	12.72	59	31.27	94	49.82
25	13.25	60	31.80	95	50.35
26	13.78	61	32.33	96	50.88
27	14.31	62	32.86	97	51.41
28	14.84	63	33.39	98	51.94
29	15.37	64	33.92	99	52.47
30	15.90	65	34.45	100	53.
31	16.43	66	34.98	125	66.25
32	16.96	67	35.51	150	79.50
33	17.49	68	36. 4	175	92.75
34	18. 2	69	36.57	200	106.
35	18.55	70	37.10	225	119.25

No.	Dols. Cts.	No.	Dols. Cts.	No.	Dols. Cts.
1	.54	36	19.44	71	38.34
2	1. 8	37	19.98	72	38.88
3	1.62	38	20.52	73	39.42
4	2.16	39	21. 6	74	39.96
5	2.70	40	21.60	75	40.50
6	3.24	41	22.14	76	41. 4
7	3.78	42	22.68	77	41.58
8	4.32	43	23.22	78	42.12
9	4.86	44	23.76	79	42.66
10	5.40	45	24.30	80	43.20
11	5.94	46	24.84	81	43.74
12	6.48	47	25.38	82	44.28
13	7. 2	48	25.92	83	44.82
14	7.56	49	26.46	84	45.36
15	8.10	50	27.	85	45.90
16	8.64	51	27.54	86	46.44
17	9.18	52	28. 8	87	46.98
18	9.72	53	28.62	88	47.52
19	10.26	54	29.16	89	48. 6
20	10.80	55	29.70	90	48.60
21	11.34	56	30.24	91	49.14
22	11.88	57	30.78	92	49.68
23	12.42	58	31.32	93	50.22
24	12.96	59	31.86	94	50.76
25	13.50	60	32.40	95	51.30
26	14. 4	61	32.94	96	51.84
27	14.58	62	33.48	97	52.38
28	15.12	63	34. 2	98	52.92
29	15.66	64	34.56	99	53.46
30	16.20	65	35.10	100	54.
31	16.74	66	35.64	125	67.50
32	17.28	67	36.18	150	81.
33	17.82	68	36.72	175	94.50
34	18.36	69	37.26	200	108.
35	18.90	70	37.80	225	121.50

At 55 Cents.

No.	Dols. Cts.	No.	Dols. Cts.	No.	Dols. Cts.
1	.55	36	19.80	71	39. 5
2	1.10	37	20.35	72	39.60
3	1.65	38	20.90	73	40.15
4	2.20	39	21.45	74	40.70
5	2.75	40	22.	75	41.25
6	3.30	41	22.55	76	41.80
7	3.85	42	23.10	77	42.35
8	4.40	43	23.65	78	42.90
9	4.95	44	24.20	79	43.45
10	5.50	45	24.75	80	44.
11	6. 5	46	25.30	81	44.55
12	6.60	47	25.85	82	45.10
13	7.15	48	26.40	83	45.65
14	7.70	49	26.95	84	46.20
15	8.25	50	27.50	85	46.75
16	8.80	51	28. 5	86	47.30
17	9.35	52	28.60	87	47.85
18	9.90	53	29.15	88	48.40
19	10.45	54	29.70	89	48.95
20	11	55	30.25	90	49.50
21	11 55	56	30.80	91	50. 5
22	12.10	57	31.35	92	50.60
23	12.65	58	31.90	93	51.15
24	13.20	59	32.45	94	51.70
25	13.75	60	33.	95	52.25
26	14.30	61	33.35	96	52.80
27	14.85	62	34.10	97	53.35
28	15.40	63	34.65	98	53.90
29	15.95	64	35.20	99	54.45
30	16.50	65	35.75	100	55.
31	17. 5	66	36.30	125	68.75
32	17.60	67	36.85	150	82.50
33	18.15	68	37.40	175	96.25
34	18.70	69	37.95	200	110.
35	19.25	70	38.50	225	123.75

At 56 Cents.

No.	Dols. Cts.	No.	Dols. Cts.	No.	Dols. Cts.
1	.56	36	20.16	71	39.76
2	1.12	37	20.72	72	40.32
3	1.68	38	21.28	73	40.88
4	2.24	39	21.84	74	41.44
5	2.80	40	22.40	75	42.
6	3.36	41	22.96	76	42.56
7	3.92	42	23.52	77	43.12
8	4.48	43	24. 8	78	43.68
9	5. 4	44	24.64	79	44.24
10	5.60	45	25.20	80	44.80
11	6.16	46	25.76	81	45.36
12	6.72	47	26.32	82	45.92
13	7.28	48	26.88	83	46.48
14	7.84	49	27.44	84	47. 4
15	8.40	50	28.	85	47.60
16	8.96	51	28.56	86	48.16
17	9.52	52	29.12	87	48.72
18	10. 8	53	29.68	88	49.28
19	10.64	54	30.24	89	49.84
20	11.20	55	30.80	90	50.40
21	11.76	56	31.36	91	50.96
22	12.32	57	31.92	92	51.52
23	12.88	58	32.48	93	52. 8
24	13.44	59	33. 4	94	52.64
25	14.	60	33.60	95	53.20
26	14.56	61	34.16	96	53.76
27	15.12	62	34.72	97	54.32
28	15.68	63	35.28	98	54 88
29	16.24	64	35.84	99	55.44
30	16.80	65	36.40	100	56.
31	17.36	66	36.96	125	70.
32	17.92	67	37.52	150	84.
33	18.48	68	38. 8	175	98.
34	19. 4	69	38.64	200	112.
35	19.60	70	39.20	225	126.

At 56¼ Cents, or $\frac{9}{16}$ of a Dollar.

No.	Dols. Cts.	No.	Dols. Cts.	No.	Dols. Cts.
1	.56¼	36	20.25	71	39.93¾
2	1.12½	37	20.81¼	72	40.50
3	1.68¾	38	21.37½	73	41. 6¼
4	2.25	39	21.93¾	74	41.62½
5	2.81¼	40	22.50	75	42.18¾
6	3.37½	41	23. 6¼	76	42.75
7	3.93¾	42	23.62½	77	43.31¼
8	4.50	43	24.18¾	78	43.87½
9	5. 6¼	44	24.75	79	44.43¾
10	5.62½	45	25.31¼	80	45.
11	6.18¾	46	25.87½	81	45.56¼
12	6.75	47	26.43¾	82	46.12½
13	7.31¼	48	27.	83	46.68¾
14	7.87½	49	27.56¼	84	47.25
15	8.43¾	50	28.12½	85	47.81¼
16	9.	51	28.68¾	86	48.37½
17	9.56¼	52	29.25	87	48.93¾
18	10.12½	53	29.81¼	88	49.50
19	10.68¾	54	30.37½	89	50. 6¼
20	11.25	55	30.93¾	90	50.62½
21	11.81¼	56	31.50	91	51.18¾
22	12.37½	57	32. 6¼	92	51.75
23	12.93¾	58	32.62½	93	52.31¼
24	13.50	59	33.18¾	94	52.87½
25	14. 6¼	60	33.75	95	53.43¾
26	14.62½	61	34.31¼	96	54.
27	15.18¾	62	34.87½	97	54.56¼
28	15.75	63	35.43¾	98	55.12½
29	16.31¼	64	36.	99	55.68¾
30	16.87½	65	36.56¼	100	56.25
31	17.43¾	66	37.12½	125	70.31¼
32	18.	67	37.68¾	150	84.37½
33	18.56¼	68	38.25	175	98.43¾
34	19.12½	69	38.81¼	200	112.50
35	19.68¾	70	39.37½	225	126.56¼

At 57 Cents.

No.	Dols. Cts.	No.	Dols. Cts.	No.	Dols. Cts.
1	.57	36	20.52	71	40.47
2	1.14	37	21. 9	72	41. 4
3	1.71	38	21.66	73	41.61
4	2.28	39	22.23	74	42.18
5	2.85	40	22.80	75	42.75
6	3.42	41	23.37	76	43.32
7	3.99	42	23.94	77	43.89
8	4.56	43	24.51	78	44.46
9	5.13	44	25. 8	79	45. 3
10	5.70	45	25.65	80	45.60
11	6.27	46	26.22	81	46.17
12	6.84	47	26.79	82	46.74
13	7.41	48	27.36	83	47.31
14	7.98	49	27.93	84	47.88
15	8.55	50	28.50	85	48.45
16	9.12	51	29. 7	86	49. 2
17	9.69	52	29.64	87	49.59
18	10.26	53	30.21	88	50.16
19	10.83	54	30.78	89	50.73
20	11.40	55	31.35	90	51.30
21	11.97	56	31.92	91	51.87
22	12.54	57	32.49	92	52.44
23	13.11	58	33. 6	93	53. 1
24	13.68	59	33.63	94	53.58
25	14.25	60	34.20	95	54.15
26	14.82	61	34.77	96	54.72
27	15.39	62	35.34	97	55.29
28	15.96	63	35.91	98	55.86
29	16.53	64	36.48	99	56.43
30	17.10	65	37. 5	100	57.
31	17.67	66	37.62	125	71.25
32	18.24	67	38.19	150	85.50
33	18.81	68	38.76	175	99.75
34	19.38	69	39.33	200	114.
35	19.95	70	39.90	225	128.25

At 58 Cents.

No.	Dols. Cts.	No.	Dols. Cts.	No.	Dols. Cts.
1	.58	36	20.88	71	41.18
2	1.16	37	21.46	72	41.76
3	1.74	38	22. 4	73	42.34
4	2.32	39	22.62	74	42.92
5	2.90	40	23.20	75	43.50
6	3.48	41	23.78	76	44. 8
7	4. 6	42	24.36	77	44.66
8	4.64	43	24.94	78	45.24
9	5.22	44	25.52	79	45.82
10	5.80	45	26.10	80	46.40
11	6.38	46	26.68	81	46.98
12	6.96	47	27.26	82	47.56
13	7.54	48	27.84	83	48.14
14	8.12	49	28.42	84	48.72
15	8.70	50	29.	85	49.30
16	9.28	51	29.58	86	49.88
17	9.86	52	30.16	87	50.46
18	10.44	53	30.74	88	51. 4
19	11. 2	54	31.32	89	51.62
20	11.60	55	31.90	90	52.20
21	12.18	56	32.48	91	52.78
22	12.76	57	33. 6	92	53.36
23	13.34	58	33.64	93	53.94
24	13.92	59	34.22	94	54.52
25	14.50	60	34.80	95	55.10
26	15. 8	61	35.38	96	55.68
27	15.66	62	35.96	97	56.26
28	16.24	63	36.54	98	56.84
29	16.82	64	37.12	99	57.42
30	17.40	65	37.70	100	58.
31	17.98	66	38.28	125	72.50
32	18.56	67	38.86	150	87.
33	19.14	68	39.44	175	101.50
34	19.72	69	40. 2	200	116.
35	20.30	70	40.60	225	130.50

At 59 Cents.

No.	Dols. Cts.	No.	Dols. Cts.	No.	Dols. Cts.
1	.59	36	21.24	71	41.89
2	1.18	37	21.83	72	42.48
3	1.77	38	22.42	73	43. 7
4	2.36	39	23. 1	74	43.66
5	2.95	40	23.60	75	44.25
6	3.54	41	24.19	76	44.84
7	4.13	42	24.78	77	45.43
8	4.72	43	25.37	78	46. 2
9	5.31	44	25.96	79	46.61
10	5.90	45	26.55	80	47.20
11	6.49	46	27.14	81	47.79
12	7. 8	47	27.73	82	48.38
13	7.67	48	28.32	83	48.97
14	8.26	49	28.91	84	49.56
15	8.85	50	29.50	85	50.15
16	9.44	51	30. 9	86	50.74
17	10. 3	52	30.68	87	51.33
18	10.62	53	31.27	88	51.92
19	11.21	54	31.86	89	52.51
20	11.80	55	32.45	90	53.10
21	12.39	56	33. 4	91	53.69
22	12.98	57	33.63	92	54.28
23	13.57	58	34.22	93	54.87
24	14.16	59	34.81	94	55.46
25	14.75	60	35.40	95	56. 5
26	15.34	61	35.99	96	56.64
27	15.93	62	36.58	97	57.23
28	16.52	63	37.17	98	57.82
29	17.11	64	37.76	99	58.41
30	17.70	65	38.35	100	59.
31	18.29	66	38.94	125	73.75
32	18.88	67	39.53	150	88.50
33	19.47	68	40.12	175	103.25
34	20. 6	69	40.71	200	118.
35	20.65	70	41.30	225	132.75

At 60 Cents.

No.	Dols. Cts.	No.	Dols. Cts.	No.	Dols. Cts.
1	.60	36	21.60	71	42.60
2	1.20	37	22.20	72	43.20
3	1.80	38	22.80	73	43.80
4	2.40	39	23.40	74	44.40
5	3.	40	24.	75	45.
6	3.60	41	24.60	76	45.60
7	4.20	42	25.20	77	46.20
8	4.80	43	25.80	78	46.80
9	5.40	44	26.40	79	47.40
10	6.	45	27.	80	48.
11	6.60	46	27.60	81	48.60
12	7.20	47	28.20	82	49.20
13	7.80	48	28.80	83	49.80
14	8.40	49	29.40	84	50.40
15	9.	50	30.	85	51.
16	9.60	51	30.60	86	51.60
17	10.20	52	31.20	87	52.20
18	10.80	53	31.80	88	52.80
19	11.40	54	32.40	89	53.40
20	12.	55	33.	90	54.
21	12.60	56	33.60	91	54.60
22	13.20	57	34.20	92	55.20
23	13.80	58	34.80	93	55.80
24	14.40	59	35.40	94	56.40
25	15.	60	36.	95	57.
26	15.60	61	36.60	96	57.60
27	16.20	62	37.20	97	58.20
28	16.80	63	37.80	98	58.80
29	17.40	64	38.40	99	59.40
30	18.	65	39.	100	60.
31	18.60	66	39.60	125	75.
32	19.20	67	40.20	150	90.
33	19.80	68	40.80	175	105.
34	20.40	69	41.40	200	120.
35	21.	70	42.	225	135.

At 61 Cents.

No.	Dols. Cts.	No.	Dols. Cts.	No.	Dols. Cts.
1	.61	36	21.96	71	43.31
2	1.22	37	22.57	72	43.92
3	1.83	38	23.18	73	44.53
4	2.44	39	23.79	74	45.14
5	3. 5	40	24.40	75	45.75
6	3.66	41	25. 1	76	46.36
7	4.27	42	25.62	77	46.97
8	4.88	43	26.23	78	47.58
9	5.49	44	26.84	79	48.19
10	6.10	45	27.45	80	48.80
11	6.71	46	28. 6	81	49.41
12	7.32	47	28.67	82	50. 2
13	7.93	48	29.28	83	50.63
14	8.54	49	29.89	84	51.24
15	9.15	50	30.50	85	51.85
16	9.76	51	31.11	86	52.46
17	10.37	52	31.72	87	53. 7
18	10.98	53	32.33	88	53.68
19	11.59	54	32.94	89	54.29
20	12.20	55	33.55	90	54.90
21	12.81	56	34.16	91	55.51
22	13.42	57	34.77	92	56.12
23	14. 3	58	35.38	93	56.73
24	14.64	59	35.99	94	57.34
25	15.25	60	36.60	95	57.95
26	15.86	61	37.21	96	58.56
27	16.47	62	37.82	97	59.17
28	17. 8	63	38.43	98	59.78
29	17.69	64	39. 4	99	60.39
30	18.30	65	39.65	100	61.
31	18.91	66	40.26	125	76.25
32	19.52	67	40.87	150	91.50
33	20.13	68	41.48	175	106.75
34	20.74	69	42. 9	200	122.
35	21.35	70	42.70	225	137.25

No.	Dols. Cts.	No.	Dols. Cts.	No.	Dols. Cts.
1	.62	36	22.32	71	44. 2
2	1.24	37	22.94	72	44.64
3	1.86	38	23.56	73	45.26
4	2.48	39	24.18	74	45.88
5	3.10	40	24.80	75	46.50
6	3.72	41	25.42	76	47.12
7	4.34	42	26. 4	77	47.74
8	4.96	43	26.66	78	48.36
9	5.58	44	27.28	79	48.98
10	6.20	45	27.90	80	49.60
11	6.82	46	28.52	81	50.22
12	7.44	47	29.14	82	50.84
13	8. 6	48	29.76	83	51.46
14	8.68	49	30.38	84	52. 8
15	9.30	50	31.	85	52.70
16	9.92	51	31.62	86	53.32
17	10.54	52	32.24	87	53.94
18	11.16	53	32.86	88	54.56
19	11.78	54	33.48	89	55.18
20	12.40	55	34.10	90	55.80
21	13. 2	56	34.72	91	56.42
22	13.64	57	35.34	92	57. 4
23	14.26	58	35.96	93	57.66
24	14.88	59	36.58	94	58.28
25	15.50	60	37.20	95	58.90
26	16.12	61	37.82	96	59.52
27	16.74	62	38.44	97	60.14
28	17.36	63	39. 6	98	60.76
29	17.98	64	39.68	99	61.38
30	18.60	65	40.30	100	62.
31	19.22	66	40.92	125	77.50
32	19.84	67	41.54	150	93.
33	20.46	68	42.16	175	108.50
34	21. 8	69	42.78	200	124.
35	21.70	70	43.40	225	139.50

H

At 62½ Cents, or ⅝ of a Dollar.

No.	Dols. Cts.	No.	Dols. Cts.	No.	Dols. Cts.
1	.62½	36	22.50	71	44.37½
2	1.25	37	23.12½	72	45.
3	1.87½	38	23.75	73	45.62½
4	2.50	39	24.37½	74	46.25
5	3.12½	40	25.	75	46.87½
6	3.75	41	25.62½	76	47.50
7	4.37½	42	26.25	77	48.12½
8	5.	43	26.87½	78	48.75
9	5.62½	44	27.50	79	49.37½
10	6.25	45	28.12½	80	50.
11	6.87½	46	28.75	81	50.62½
12	7.50	47	29.37½	82	51.25
13	8.12½	48	30.	83	51.87½
14	8.75	49	30.62½	84	52.50
15	9.37½	50	31.25	85	53.12½
16	10.	51	31.87½	86	53.75
17	10.62½	52	32.50	87	54.37½
18	11.25	53	33.12½	88	55.
19	11.87½	54	33.75	89	55.62½
20	12.50	55	34.37½	90	56.25
21	13.12½	56	35.	91	56.87½
22	13.75	57	35.62½	92	57.50
23	14.37½	58	36.25	93	58.12½
24	15.	59	36.87½	94	58.75
25	15.62½	60	37.50	95	59.37½
26	16.25	61	38.12½	96	60.
27	16.87½	62	38.75	97	60.62½
28	17.50	63	39.37½	98	61.25
29	18.12½	64	40.	99	61.87½
30	18.75	65	40.62½	100	62.50
31	19.37½	66	41.25	125	78.12½
32	20.	67	41.87½	150	93.75
33	20.62½	68	42.50	175	109.37½
34	21.25	69	43.12½	200	125.
35	21.87½	70	43.75	225	140.62½

At 63 Cents.

No.	Dols. Cts.	No.	Dols. Cts.	No.	Dols. Cts.
1	.63	36	22.68	71	44.73
2	1.26	37	23.31	72	45.36
3	1.89	38	23.94	73	45.99
4	2.52	39	24.57	74	46.62
5	3.15	40	25.20	75	47.25
6	3.78	41	25.83	76	47.88
7	4.41	42	26.46	77	48.51
8	5.4	43	27.9	78	49.14
9	5.67	44	27.72	79	49.77
10	6.30	45	28.35	80	50.40
11	6.93	46	28.98	81	51.3
12	7.56	47	29.61	82	51.66
13	8.19	48	30.24	83	52.29
14	8.82	49	30.87	84	52.92
15	9.45	50	31.50	85	53.55
16	10.8	51	32.13	86	54.18
17	10.71	52	32.76	87	54.81
18	11.34	53	33.39	88	55.44
19	11.97	54	34.2	89	56.7
20	12.60	55	34.65	90	56.70
21	13.23	56	35.28	91	57.33
22	13.86	57	35.91	92	57.96
23	14.49	58	36.54	93	58.59
24	15.12	59	37.17	94	59.22
25	15.75	60	37.80	95	59.85
26	16.38	61	38.43	96	60.48
27	17.1	62	39.6	97	61.11
28	17.64	63	39.69	98	61.74
29	18.27	64	40.32	99	62.37
30	18.90	65	40.95	100	63.
31	19.53	66	41.58	125	78.75
32	20.16	67	42.21	150	94.50
33	20.79	68	42.84	175	110.25
34	21.42	69	43.47	200	126.
35	22.5	70	44.10	225	141.75

At 64 Cents.

No.	Dols. Cts.	No.	Dols. Cts.	No.	Dols. Cts.
1	.64	36	23. 4	71	45.44
2	1.28	37	23.68	72	46. 8
3	1.92	38	24.32	73	46.72
4	2.56	39	24.96	74	47.36
5	3.20	40	25.60	75	48.
6	3.84	41	26.24	76	48.64
7	4.48	42	26.88	77	49.28
8	5.12	43	27.52	78	49.92
9	5.76	44	28.16	79	50.56
10	6.40	45	28.80	80	51.20
11	7. 4	46	29.44	81	51.84
12	7.68	47	30. 8	82	52.48
13	8.32	48	30.72	83	53.12
14	8.96	49	31.36	84	53.76
15	9.60	50	32.	85	54.40
16	10.24	51	32.64	86	55. 4
17	10.88	52	33.28	87	55.68
18	11.52	53	33.92	88	56.32
19	12.16	54	34.56	89	56.96
20	12.80	55	35.20	90	57.60
21	13.44	56	35.84	91	58.24
22	14. 8	57	36.48	92	58.88
23	14.72	58	37.12	93	59.52
24	15.36	59	37.76	94	60.16
25	16.	60	38.40	95	60.80
26	16.64	61	39. 4	96	61.44
27	17.28	62	39.68	97	62. 8
28	17.92	63	40.32	98	62.72
29	18.56	64	40.96	99	63.36
30	19.20	65	41.60	100	64.
31	19.84	66	42.24	125	80.
32	20.48	67	42.88	150	96.
33	21.12	68	43.52	175	112.
34	21.76	69	44.16	200	128.
35	22.40	70	44.80	225	144.

No	Dols. Cts.	No.	Dols. Cts.	No.	Dols. Cts.
1	.65	36	23.40	71	46.15
2	1.30	37	24. 5	72	46.80
3	1.95	38	24.70	73	47.45
4	2.60	39	25.35	74	48.10
5	3.25	40	26.	75	48.75
6	3.90	41	26.65	76	49.40
7	4.55	42	27.30	77	50. 5
8	5.20	43	27.95	78	50.70
9	5.85	44	28.60	79	51.35
10	6.50	45	29.25	80	52.
11	7.15	46	29.90	81	52.65
12	7.80	47	30.55	82	53.30
13	8.45	48	31.20	83	53.95
14	9.10	49	31.85	84	54.60
15	9.75	50	32.50	85	55.25
16	10.40	51	33.15	86	55.90
17	11. 5	52	33.80	87	56.55
18	11.70	53	34.45	88	57.20
19	12.35	54	35.10	89	57.85
20	13.	55	35.75	90	58.50
21	13.65	56	36.40	91	59.15
22	14.30	57	37. 5	92	59.80
23	14.95	58	37.70	93	60.45
24	15.60	59	38.35	94	61.10
25	16.25	60	39.	95	61.75
26	16.90	61	39.65	96	62.40
27	17.55	62	40.30	97	63. 5
28	18.20	63	40.95	98	63.70
29	18.85	64	41.60	99	64.35
30	19.50	65	42.25	100	65.
31	20.15	66	42.90	125	81.25
32	20.80	67	43.55	150	97.50
33	21.45	68	44.20	175	113.75
34	22.10	69	44.85	200	130.
35	22.75	70	45.50	225	146.25

At 66 Cents.

No.	Dols. Cts.	No.	Dols. Cts.	No.	Dols. Cts.
1	.66	36	23.76	71	46.86
2	1.32	37	24.42	72	47.52
3	1.98	38	25. 8	73	48.18
4	2.64	39	25.74	74	48.84
5	3.30	40	26.40	75	49.50
6	3.96	41	27. 6	76	50.16
7	4.62	42	27.72	77	50.82
8	5.28	43	28.38	78	51.48
9	5.94	44	29. 4	79	52.14
10	6.60	45	29.70	80	52.80
11	7.26	46	30.36	81	53.46
12	7.92	47	31. 2	82	54.12
13	8.58	48	31.68	83	54.78
14	9.24	49	32.34	84	55.44
15	9.90	50	33.	85	56.10
16	10.56	51	33.66	86	56.76
17	11.22	52	34.32	87	57.42
18	11.88	53	34.98	88	58. 8
19	12.54	54	35.64	89	58.74
20	13.20	55	36.30	90	59.40
21	13.86	56	36.96	91	60. 6
22	14.52	57	37.62	92	60.72
23	15.18	58	38.28	93	61.38
24	15.84	59	38.94	94	62. 4
25	16.50	60	39.60	95	62.70
26	17.16	61	40.26	96	63.36
27	17.82	62	40.92	97	64. 2
28	18.48	63	41.58	98	64.68
29	19.14	64	42.24	99	65.34
30	19.80	65	42.90	100	66.
31	20.46	66	43.56	125	82.50
32	21.12	67	44.22	150	99.
33	21.78	68	44.88	175	115.50
34	22.44	69	45.54	200	132.
35	23.10	70	46.20	225	148.50

At 66⅔ Cents, or ⅔ of a Dollar.

No.	Dols. Cts.	No.	Dols. Cts.	No.	Dols. Cts.
1	.66⅔	36	24.	71	47.33⅓
2	1.33⅓	37	24.66⅔	72	48.
3	2.	38	25.33⅓	73	48.66⅔
4	2.66⅔	39	26.	74	49.33⅓
5	3.33⅓	40	26.66⅔	75	50.
6	4.	41	27.33⅓	76	50.66⅔
7	4.66⅔	42	28.	77	51.33⅓
8	5.33⅓	43	28.66⅔	78	52.
9	6.	44	29.33⅓	79	52.66⅔
10	6.66⅔	45	30.	80	53.33⅓
11	7.33⅓	46	30.66⅔	81	54.
12	8.	47	31.33⅓	82	54.66⅔
13	8.66⅔	48	32.	83	55.33⅓
14	9.33⅓	49	32.66⅔	84	56.
15	10.	50	33.33⅓	85	56.66⅔
16	10.66⅔	51	34.	86	57.33⅓
17	11.33⅓	52	34.66⅔	87	58.
18	12.	53	35.33⅓	88	58.66⅔
19	12.66⅔	54	36.	89	59.33⅓
20	13.33⅓	55	36.66⅔	90	60.
21	14.	56	37.33⅓	91	60.66⅔
22	14.66⅔	57	38.	92	61.33⅓
23	15.33⅓	58	38.66⅔	93	62.
24	16.	59	39.33⅓	94	62.66⅔
25	16.66⅔	60	40.	95	63.33⅓
26	17.33⅓	61	40.66⅔	96	64.
27	18.	62	41.33⅓	97	64.66⅔
28	18.66⅔	63	42.	98	65.33⅓
29	19.33⅓	64	42.66⅔	99	66.
30	20.	65	43.33⅓	100	66.66⅔
31	20.66⅔	66	44.	125	83.33⅓
32	21.33⅓	67	44.66⅔	150	100.
33	22.	68	45.33⅓	175	116.66⅔
34	22.66⅔	69	46.	200	133.33⅓
35	23.33⅓	70	46.66⅔	225	150.

No.	Dols. Cts.	No.	Dols. Cts.	No.	Dols. Cts.
1	.67	36	24.12	71	47.57
2	1.34	37	24.79	72	48.24
3	2. 1	38	25.46	73	48.91
4	2.68	39	26.13	74	49.58
5	3.35	40	26.80	75	50.25
6	4. 2	41	27.47	76	50.92
7	4.69	42	28.14	77	51.59
8	5.36	43	28.81	78	52.26
9	6. 3	44	29.48	79	52.93
10	6.70	45	30.15	80	53.60
11	7.37	46	30.82	81	54.27
12	8. 4	47	31.49	82	54.94
13	8.71	48	32.16	83	55.61
14	9.38	49	32.83	84	56.28
15	10. 5	50	33.50	85	56.95
16	10.72	51	34.17	86	57.62
17	11.39	52	34.84	87	58.29
18	12. 6	53	35.51	88	58.96
19	12.73	54	36.18	89	59.63
20	13.40	55	36.85	90	60.30
21	14. 7	56	37.52	91	60.97
22	14.74	57	38.19	92	61.64
23	15.41	58	38.86	93	62.31
24	16. 8	59	39.53	94	62.98
25	16.75	60	40.20	95	63.65
26	17.42	61	40.87	96	64.32
27	18. 9	62	41.54	97	64.99
28	18.76	63	42.21	98	65.66
29	19.43	64	42.88	99	66.33
30	20.10	65	43.55	100	67.
31	20.77	66	44.22	125	83.75
32	21.44	67	44.89	150	100.50
33	22.11	68	45.56	175	117.25
34	22.78	69	46.23	200	134.
35	23.45	70	46.90	225	150.75

At 68 Cents.

No.	Dols. Cts.	No.	Dols. Cts.	No.	Dols. Cts.
1	.68	36	24.48	71	48.28
2	1.36	37	25.16	72	48.96
3	2. 4	38	25.84	73	49.64
4	2.72	39	26.52	74	50.32
5	3.40	40	27.20	75	51.
6	4. 8	41	27.88	76	51.68
7	4.76	42	28.56	77	52.36
8	5.44	43	29.24	78	53. 4
9	6.12	44	29.92	79	53.72
10	6.80	45	30.60	80	54.40
11	7.48	46	31.28	81	55. 8
12	8.16	47	31.96	82	55.76
13	8.84	48	32.64	83	56.44
14	9.52	49	33.32	84	57.12
15	10.20	50	34.	85	57.80
16	10.88	51	34.68	86	58.48
17	11.56	52	35.36	87	59.16
18	12.24	53	36. 4	88	59.84
19	12.92	54	36.72	89	60.52
20	13.60	55	37.40	90	61.20
21	14.28	56	38. 8	91	61.88
22	14.96	57	38.76	92	62.56
23	15.64	58	39.44	93	63.24
24	16.32	59	40.12	94	63.92
25	17.	60	40.80	95	64.60
26	17.68	61	41.48	96	65.28
27	18.36	62	42.16	97	65.96
28	19. 4	63	42.84	98	66.64
29	19.72	64	43.52	99	67.32
30	20.40	65	44.20	100	68.
31	21. 8	66	44.88	125	85.
32	21.76	67	45.56	150	102.
33	22.44	68	46.24	175	119.
34	23.12	69	46.92	200	136.
35	23.80	70	47.60	225	153.

At 68¾ Cents, or 11/16 of a Dollar.

No.	Dols. Cts.	No.	Dols. Cts.	No.	Dols. Cts.
1	.68¾	36	24.75	71	48.81¼
2	1.37½	37	25.43¾	72	49.50
3	2. 6¼	38	26.12½	73	50.18¾
4	2.75	39	26.81¼	74	50.87½
5	3.43¾	40	27.50	75	51.56¼
6	4.12½	41	28.18¾	76	52.25
7	4.81¼	42	28.87½	77	52.93¾
8	5.50	43	29.56¼	78	53.62½
9	6.18¾	44	30.25	79	54.31¼
10	6.87½	45	30.93¾	80	55.
11	7.56¼	46	31.62½	81	55.68¾
12	8.25	47	32.31¼	82	56.37½
13	8.93¾	48	33.	83	57. 6¼
14	9.62½	49	33.68¾	84	57.75
15	10.31¼	50	34.37½	85	58.43¾
16	11.	51	35. 6¼	86	59.12½
17	11.68¾	52	35.75	87	59.81¼
18	12.37½	53	36.43¾	88	60.50
19	13. 6¼	54	37.12½	89	61.18¾
20	13.75	55	37.81¼	90	61.87½
21	14.43¾	56	38.50	91	62.56¼
22	15.12½	57	39.18¾	92	63.25
23	15.81¼	58	39.87½	93	63.93¾
24	16.50	59	40.56¼	94	64.62½
25	17.18¾	60	41.25	95	65.31¼
26	17.87½	61	41.93¾	96	66.
27	18.56¼	62	42.62½	97	66.68¾
28	19.25	63	43.31¼	98	67.37½
29	19.93¾	64	44.	99	68. 6¼
30	20.62½	65	44.68¾	100	68.75
31	21.31¼	66	45.37½	125	89.93¾
32	22.	67	46. 6¼	150	103.12½
33	22.68¾	68	46.75	175	120.31¼
34	23.37½	69	47.43¾	200	137.50
35	24. 6¼	70	48.12½	225	154.68¾

No.	Dols. Cts.	No.	Dols. Cts.	No.	Dols. Cts.
1	.69	36	24.84	71	48.99
2	1.38	37	25.53	72	49.68
3	2. 7	38	26.22	73	50.37
4	2.76	39	26.91	74	51. 6
5	3.45	40	27.60	75	51.75
6	4.14	41	28.29	76	52.44
7	4.83	42	28.98	77	53.13
8	5.52	43	29.67	78	53.82
9	6.21	44	30.36	79	54.51
10	6.90	45	31. 5	80	55.20
11	7.59	46	31.74	81	55.89
12	8.28	47	32.43	82	56.58
13	8.97	48	33.12	83	57.27
14	9.66	49	33.81	84	57.96
15	10.35	50	34.50	85	58.65
16	11. 4	51	35.19	86	59.34
17	11.73	52	35.88	87	60. 3
18	12.42	53	36.57	88	60.72
19	13.11	54	37.26	89	61.41
20	13.80	55	37.95	90	62.10
21	14.49	56	38.64	91	62.79
22	15.18	57	39.33	92	63.48
23	15.87	58	40. 2	93	64.17
24	16.56	59	40.71	94	64.86
25	17.25	60	41.40	95	65.55
26	17.94	61	42. 9	96	66.24
27	18.63	62	42.78	97	66.93
28	19.32	63	43.47	98	67.62
29	20. 1	64	44.16	99	68.31
30	20.70	65	44.85	100	69.
31	21.39	66	45.54	125	86.25
32	22. 8	67	46.23	150	103.50
33	22.77	68	46.92	175	120 75
34	23.46	69	47.61	200	138
35	24.15	70	48.30	225	155 2

At 70 Cents.

No.	Dols. Cts.	No.	Dols. Cts.	No.	Dols. Cts.
1	.70	36	25.20	71	49.70
2	1.40	37	25.90	72	50.40
3	2.10	38	26.60	73	51.10
4	2.80	39	27.30	74	51.80
5	3.50	40	28.	75	52.50
6	4.20	41	28.70	76	53.20
7	4.90	42	29.40	77	53.90
8	5.60	43	30.10	78	54.60
9	6.30	44	30.80	79	55.30
10	7.	45	31.50	80	56.
11	7.70	46	32.20	81	56.70
12	8.40	47	32.90	82	57.40
13	9.10	48	33.60	83	58.10
14	9.80	49	34.30	84	58.80
15	10.50	50	35.	85	59.50
16	11.20	51	35.70	86	60.20
17	11.90	52	36.40	87	60.90
18	12.60	53	37.10	88	61.60
19	13.30	54	37.80	89	62.30
20	14	55	38.50	90	63.
21	14.70	56	39.20	91	63.70
22	15.40	57	39.90	92	64.40
23	16.10	58	40.60	93	65.10
24	16.80	59	41.30	94	65.80
25	17.50	60	42.	95	66.50
26	18.20	61	42.70	96	67.20
27	18.90	62	43.40	97	67.90
28	19.60	63	44.10	98	68.60
29	20.30	64	44.80	99	69.30
30	21.	65	45.50	100	70.
31	21.70	66	46.20	125	87.50
32	22.40	67	46.90	150	105.
33	23.10	68	47.60	175	122.50
34	23.80	69	48.30	200	140.
35	24.50	70	49.	225	157.50

No.	Dols. Cts.	No.	Dols. Cts.	No.	Dols. Cts.
1	.71	36	25.56	71	50.41
2	1.42	37	26.27	72	51.12
3	2.13	38	26.98	73	51.83
4	2.84	39	27.69	74	52.54
5	3.55	40	28.40	75	53.25
6	4.26	41	29.11	76	53.96
7	4.97	42	29.82	77	54.67
8	5.68	43	30.53	78	55.38
9	6.39	44	31.24	79	56.9
10	7.10	45	31.95	80	56.80
11	7.81	46	32.66	81	57.51
12	8.52	47	33.37	82	58.22
13	9.23	48	34.8	83	58.93
14	9.94	49	34.79	84	59.64
15	10.65	50	35.50	85	60.35
16	11.36	51	36.21	86	61.6
17	12.7	52	36.92	87	61.77
18	12.78	53	37.63	88	62.48
19	13.49	54	38.34	89	63.19
20	14.20	55	39.5	90	63.90
21	14.91	56	39.76	91	64.61
22	15.62	57	40.47	92	65.32
23	16.33	58	41.18	93	66.3
24	17.4	59	41.89	94	66.74
25	17.75	60	42.60	95	67.45
26	18.46	61	43.31	96	68.16
27	19.17	62	44.2	97	68.87
28	19.88	63	44.73	98	69.58
29	20.59	64	45.44	99	70.29
30	21.30	65	46.15	100	71.
31	22.1	66	46.86	125	88.75
32	22.72	67	47.57	150	106.50
33	23.43	68	48.28	175	124.25
34	24.14	69	48.99	200	142.
35	24.85	70	49.70	225	159.75

At 72 Cents.

No.	Dols. Cts.	No.	Dols. Cts.	No.	Dols. Cts.
1	.72	36	25.92	71	51.12
2	1.44	37	26.64	72	51.84
3	2.16	38	27.36	73	52.56
4	2.88	39	28. 8	74	53.28
5	3.60	40	28.80	75	54.
6	4.32	41	29.52	76	54.72
7	5. 4	42	30.24	77	55.44
8	5.76	43	30.96	78	56.16
9	6.48	44	31.68	79	56.88
10	7.20	45	32.40	80	57.60
11	7.92	46	33.12	81	58.32
12	8.64	47	33.84	82	59. 4
13	9.36	48	34.56	83	59.76
14	10. 8	49	35.28	84	60.48
15	10.80	50	36.	85	61.20
16	11.52	51	36.72	86	61.92
17	12.24	52	37.44	87	62.64
18	12.96	53	38.16	88	63.36
19	13.68	54	38.88	89	64. 8
20	14.40	55	39.60	90	64.80
21	15.12	56	40.32	91	65.52
22	15.84	57	41. 4	92	66.24
23	16.56	58	41.76	93	66.96
24	17.28	59	42.48	94	67.68
25	18.	60	43.20	95	68.40
26	18.72	61	43.92	96	69.12
27	19.44	62	44.64	97	69.84
28	20.16	63	45.36	98	70.56
29	20.88	64	46. 8	99	71.28
30	21.60	65	46.80	100	72.
31	22.32	66	47.52	125	90.
32	23. 4	67	48.24	150	108.
33	23.76	68	48.96	175	126.
34	24.48	69	49.68	200	144.
35	25.20	70	50.40	225	162.

At 73 Cents.

No.	Dols. Cts.	No.	Dols. Cts.	No.	Dols. Cts.
1	.73	36	26.28	71	51.83
2	1.46	37	27. 1	72	52.56
3	2.19	38	27.74	73	53.29
4	2.92	39	28.47	74	54. 2
5	3.65	40	29.20	75	54.75
6	4.38	41	29.93	76	55.48
7	5.11	42	30.66	77	56.21
8	5.84	43	31.39	78	56.94
9	6.57	44	32.12	79	57.67
10	7.30	45	32.85	80	58.40
11	8. 3	46	33.58	81	59.13
12	8.76	47	34.31	82	59.86
13	9.49	48	35. 4	83	60.59
14	10.22	49	35.77	84	61.32
15	10.95	50	36.50	85	62. 5
16	11.68	51	37.23	86	62.78
17	12.41	52	37.96	87	63.51
18	13.14	53	38.69	88	64.24
19	13.87	54	39.42	89	64.97
20	14.60	55	40.15	90	65.70
21	15.33	56	40.88	91	66.43
22	16. 6	57	41.61	92	67.16
23	16.79	58	42.34	93	67.89
24	17.52	59	43. 7	94	68.62
25	18.25	60	43.80	95	69.35
26	18.98	61	44.53	96	70. 8
27	19.71	62	45.26	97	70.81
28	20.44	63	45.99	98	71.54
29	21.17	64	46.72	99	72.27
30	21.90	65	47.45	100	73.
31	22.63	66	48.18	125	91.25
32	23.36	67	48.91	150	109.50
33	24. 9	68	49.64	175	127.75
34	24.82	69	50.37	200	146.
35	25.55	70	51.10	225	164.25

No.	Dols. Cts.	No.	Dols. Cts.	No.	Dols. Cts.
1	.74	36	26.64	71	52.51
2	1.48	37	27.38	72	53.28
3	2.22	38	28.12	73	54. 2
4	2.96	39	28.86	74	54.76
5	3.70	40	29.60	75	55.50
6	4.44	41	30.34	76	56.24
7	5.18	42	31. 8	77	56.98
8	5.92	43	31.82	78	57.72
9	6.66	44	32.56	79	58.46
10	7.40	45	33.30	80	59.20
11	8.14	46	34. 4	81	59.94
12	8.88	47	34.78	82	60.68
13	9.62	48	35.52	83	61.42
14	10.36	49	36.26	84	62.16
15	11.10	50	37.	85	62.90
16	11.84	51	37.74	86	63.64
17	12.58	52	38.48	87	64.38
18	13.32	53	39.22	88	65.12
19	14. 6	54	39.96	89	65.86
20	14.80	55	40.70	90	66.60
21	15.54	56	41.44	91	67.34
22	16.28	57	42.18	92	68. 8
23	17. 2	58	42.92	93	68.82
24	17.76	59	43.66	94	69.56
25	18.50	60	44.40	95	70.30
26	19.24	61	45.14	96	71. 4
27	19.98	62	45.88	97	71.78
28	20.72	63	46.62	98	72.52
29	21.46	64	47.36	99	73.26
30	22.20	65	48.10	100	74.
31	22.94	66	48.84	125	92.50
32	23.68	67	49.58	150	111.
33	24.42	68	50.32	175	129.50
34	25.16	69	51. 6	200	148.
35	25.90	70	51.80	225	166.50

At 75 Cents.

No.	Dols. Cts.	No.	Dols. Cts.	No.	Dols. Cts.
1	.75	36	27.	71	53.25
2	1.50	37	27.75	72	54.
3	2.25	38	28.50	73	54.75
4	3.	39	29.25	74	55.50
5	3.75	40	30.	75	56.25
6	4.50	41	30.75	76	57.
7	5.25	42	31.50	77	57.75
8	6.	43	32.25	78	58.50
9	6.75	44	33.	79	59.25
10	7.50	45	33.75	80	60.
11	8.25	46	34.50	81	60.75
12	9.	47	35.25	82	61.50
13	9.75	48	36.	83	62.25
14	10.50	49	36.75	84	63.
15	11.25	50	37.50	85	63.75
16	12.	51	38.25	86	64.50
17	12.75	52	39.	87	65.25
18	13.50	53	39.75	88	66.
19	14.25	54	40.50	89	66.75
20	15.	55	41.25	90	67.50
21	15.75	56	42.	91	68.25
22	16.50	57	42.75	92	69.
23	17.25	58	43.50	93	69.75
24	18.	59	44.25	94	70.50
25	18.75	60	45.	95	71.25
26	19.50	61	45.75	96	72.
27	20.25	62	46.50	97	72.75
28	21.	63	47.25	98	73.50
29	21.75	64	48.	99	74.25
30	22.50	65	48.75	100	75.
31	23.25	66	49.50	125	93.75
32	24.	67	50.25	150	112.50
33	24.75	68	51.	175	131.25
34	25.50	69	51.75	200	150.
35	26.25	70	52.50	225	168.75

At 76 Cents.

No.	Dols. Cts.	No.	Dols. Cts.	No.	Dols. Cts.
1	.76	36	27.36	71	53.96
2	1.52	37	28.12	72	54.72
3	2.28	38	28.88	73	55.48
4	3. 4	39	29.64	74	56.24
5	3.80	40	30.40	75	57.
6	4.56	41	31.16	76	57.76
7	5.32	42	31.92	77	58.52
8	6. 8	43	32.68	78	59.28
9	6.84	44	33.44	79	60. 4
10	7.60	45	34.20	80	60.80
11	8.36	46	34.96	81	61.56
12	9.12	47	35.72	82	62.32
13	9.88	48	36.48	83	63. 8
14	10.64	49	37.24	84	63.84
15	11.40	50	38.	85	64.60
16	12.16	51	38.76	86	65.36
17	12.92	52	39.52	87	66.12
18	13.68	53	40.28	88	66.88
19	14.44	54	41. 4	89	67.64
20	15.20	55	41.80	90	68.40
21	15.96	56	42.56	91	69.16
22	16.72	57	43.32	92	69.92
23	17.48	58	44. 8	93	70.68
24	18.24	59	44.84	94	71.44
25	19.	60	45.60	95	72.20
26	19.76	61	46.36	96	72.96
27	20.52	62	47.12	97	73.72
28	21.28	63	47.88	98	74.48
29	22. 4	64	48.64	99	75.24
30	22.80	65	49.40	100	76.
31	23.56	66	50.16	125	95.
32	24.32	67	50.92	150	114.
33	25. 8	68	51.68	175	133.
34	25.84	69	52.44	200	152.
35	26.60	70	53.20	225	171.

No.	Dols. Cts.	No.	Dols. Cts.	No.	Dols. Cts.
1	.77	36	27.72	71	54.67
2	1.54	37	28.49	72	55.44
3	2.31	38	29.26	73	56.21
4	3. 8	39	30. 3	74	56.98
5	3.85	40	30.80	75	57.75
6	4.62	41	31.57	76	58.52
7	5.39	42	32.34	77	59.29
8	6.16	43	33.11	78	60. 6
9	6.93	44	33.88	79	60.83
10	7.70	45	34.65	80	61.60
11	8.47	46	35.42	81	62.37
12	9.24	47	36.19	82	63.14
13	10. 1	48	36.96	83	63.91
14	10.78	49	37.73	84	64.68
15	11.55	50	38.50	85	65.45
16	12.32	51	39.27	86	66.22
17	13. 9	52	40. 4	87	66.99
18	13.86	53	40.81	88	67.76
19	14.63	54	41.58	89	68.53
20	15.40	55	42.35	90	69.30
21	16.17	56	43.12	91	70. 7
22	16.94	57	43.89	92	70.84
23	17.71	58	44.66	93	71.61
24	18.48	59	45.43	94	72.38
25	19.25	60	46.20	95	73.15
26	20. 2	61	46.97	96	73.92
27	20.79	62	47.74	97	74.69
28	21.56	63	48.51	98	75.46
29	22.33	64	49.28	99	76.23
30	23.10	65	50. 5	100	77.
31	23.87	66	50.82	125	96.25
32	24.64	67	51.59	150	115.50
33	25.41	68	52.36	175	134.75
34	26.18	69	53.13	200	154.
35	26.95	70	53.90	225	173.25

2	1.56	37	28.86	72
3	2.34	38	29.64	73
4	3.12	39	30.42	74
5	3.90	40	31.20	75
6	4.68	41	31.98	76
7	5.46	42	32.76	77
8	6.24	43	33.54	78
9	7. 2	44	34.32	79
10	7.80	45	35.10	80
11	8.58	46	35.88	81
12	9.36	47	36.66	82
13	10.14	48	37.44	83
14	10.92	49	38.22	84
15	11.70	50	39.	85
16	12.48	51	39.78	86
17	13.26	52	40.56	87
18	14. 4	53	41.34	88
19	14.82	54	42.12	89
20	15.60	55	42.90	90
21	16.38	56	43.68	91
22	17.16	57	44.46	92
23	17.94	58	45.24	93
24	18.72	59	46. 2	94
25	19.50	60	46.80	95
26	20.28	61	47.58	96
27	21. 6	62	48.36	97
28	21.84	63	49.14	98
29	22.62	64	49.92	99
30	23.40	65	50.70	100
31	24.18	66	51.48	125
32	24.96	67	52.26	150
33	25.74	68	53. 4	175
34	26.52	69	53.82	200
35	27.30	70	54.60	225

At 79 Cents.

No.	Dols. Cts.	No.	Dols. Cts.	No.	Dols. Cts.
1	.79	36	28.44	71	56.9
2	1.58	37	29.23	72	56.88
3	2.37	38	30.2	73	57.67
4	3.16	39	30.81	74	58.46
5	3.95	40	31.60	75	59.25
6	4.74	41	32.39	76	60.4
7	5.53	42	33.18	77	60.83
8	6.32	43	33.97	78	61.62
9	7.11	44	34.76	79	62.41
10	7.90	45	35.55	80	63.20
11	8.69	46	36.34	81	63.99
12	9.48	47	37.13	82	64.78
13	10.27	48	37.92	83	65.57
14	11.6	49	38.71	84	66.36
15	11.85	50	39.50	85	67.15
16	12.64	51	40.29	86	67.94
17	13.43	52	41.8	87	68.73
18	14.22	53	41.87	88	69.52
19	15.1	54	42.66	89	70.31
20	15.80	55	43.45	90	71.10
21	16.59	56	44.24	91	71.89
22	17.38	57	45.3	92	72.68
23	18.17	58	45.82	93	73.47
24	18.96	59	46.61	94	74.26
25	19.75	60	47.40	95	75.5
26	20.54	61	48.19	96	75.84
27	21.33	62	48.98	97	76.63
28	22.12	63	49.77	98	77.42
29	22.91	64	50.56	99	78.21
30	23.70	65	51.35	100	79.
31	24.49	66	52.14	125	98.75
32	25.28	67	52.93	150	118.50
33	26.7	68	53.72	175	138.25
34	26.86	69	54.51	200	158.
35	27.65	70	55.30	225	177.75

At 80 Cents.

No.	Dols. Cts.	No.	Dols. Cts.	No.	Dols. Cts.
1	.80	36	28.80	71	56.80
2	1.60	37	29.60	72	57.60
3	2.40	38	30.40	73	58.40
4	3.20	39	31.20	74	59.20
5	4.	40	32.	75	60.
6	4.80	41	32.80	76	60.80
7	5.60	42	33.60	77	61.60
8	6.40	43	34.40	78	62.40
9	7.20	44	35.20	79	63.20
10	8.	45	36.	80	64.
11	8.80	46	36.80	81	64.30
12	9.60	47	37.60	82	65.60
13	10.40	48	38.40	83	66.40
14	11.20	49	39.20	84	67.20
15	12.	50	40.	85	68.
16	12.80	51	40.80	86	68.80
17	13.60	52	41.60	87	69.60
18	14.40	53	42.40	88	70.40
19	15.20	54	43.20	89	71.20
20	16.	55	44.	90	72.
21	16.80	56	44.80	91	72.80
22	17.60	57	45.60	92	73.60
23	18.40	58	46.40	93	74.40
24	19.20	59	47.20	94	75.20
25	20.	60	48.	95	76.
26	20.80	61	48.80	96	76.80
27	21.60	62	49.60	97	77.60
28	22.40	63	50.40	98	78.40
29	23.20	64	51.20	99	79.20
30	24.	65	52.	100	80.
31	24.80	66	52.80	125	100.
32	25.60	67	53.60	150	120.
33	26.40	68	54.40	175	140.
34	27.20	69	55.20	200	160.
35	28.	70	56.	225	180.

At 81 Cents.

No.	Dols. Cts.	No.	Dols. Cts.	No.	Dols. Cts.
1	.81	36	29.16	71	57.51
2	1.62	37	29.97	72	58.32
3	2.43	38	30.78	73	59.13
4	3.24	39	31.59	74	59.94
5	4. 5	40	32.40	75	60.75
6	4.86	41	33.21	76	61.56
7	5.67	42	34. 2	77	62.37
8	6.48	43	34.83	78	63.18
9	7.29	44	35.64	79	63.99
10	8.10	45	36.45	80	64.80
11	8.91	46	37.26	81	65.61
12	9.72	47	38. 7	82	66.42
13	10.53	48	38.88	83	67.23
14	11.34	49	39.69	84	68. 4
15	12.15	50	40.50	85	68.85
16	12.96	51	41.31	86	69.66
17	13.77	52	42.12	87	70.47
18	14.58	53	42.93	88	71.28
19	15.39	54	43.74	89	72. 9
20	16.20	55	44.55	90	72.90
21	17. 1	56	45.36	91	73.71
22	17.82	57	46.17	92	74.52
23	18.63	58	46.98	93	75.33
24	19.44	59	47.79	94	76.14
25	20.25	60	48.60	95	76.95
26	21. 6	61	49.41	96	77.76
27	21.87	62	50.22	97	78.57
28	22.68	63	51. 3	98	79.38
29	23.49	64	51.84	99	80.19
30	24.30	65	52.65	100	81.
31	25.11	66	53.46	125	101.25
32	25.92	67	54.27	150	121.50
33	26.73	68	55. 8	175	141.75
34	27.54	69	55.89	200	162.
35	28.35	70	56.70	225	182.25

At 81¼ Cents, or $\frac{13}{16}$ of a Dollar.

No.	Dols. Cts.	No.	Dols. Cts.	No.	Dols. Cts.
1	.81¼	36	29.25	71	57.68¾
2	1.62½	37	30. 6¼	72	58.50
3	2.43¾	38	30.87½	73	59.31¼
4	3.25	39	31.68¾	74	60.12½
5	4. 6¼	40	32.50	75	60.93¾
6	4.87½	41	33.31¼	76	61.75
7	5.68¾	42	34.12½	77	62.56¼
8	6.50	43	34.93¾	78	63.37½
9	7.31¼	44	35.75	79	64.18¾
10	8.12½	45	36.56¼	80	65.
11	8 93¾	46	37.37½	81	65.81¼
12	9.75	47	38.18¾	82	66.62½
13	10.56¼	48	39.	83	67.43¾
14	11.37½	49	39.81¼	84	68.25
15	12.18¾	50	40.62½	85	69. 6¼
16	13.	51	41.43¾	86	69.87½
17	13.81¼	52	42.25	87	70.68¾
18	14.62½	53	43. 6¼	88	71.50
19	15.43¾	54	43.87½	89	72.31¼
20	16.25	55	44.68¾	90	73.12½
21	17. 6¼	56	45.50	91	73.93¾
22	17.87½	57	46.31¼	92	74.75
23	18.68¾	58	47.12½	93	75.56¼
24	19.50	59	47.93¾	94	76.37½
25	20.31¼	60	48.75	95	77.18¾
26	21.12½	61	49.56¼	96	78.
27	21.93¾	62	50.37½	97	78.81¼
28	22.75	63	51.18¾	98	79.62½
29	23.56¼	64	52.	99	80.43¾
30	24.37½	65	52.81¼	100	81.25
31	25.18¾	66	53.62½	125	101.56¼
32	26.	67	54.43¾	150	121.87½
33	26.81¼	68	55.25	175	142.18¾
34	27.62½	69	56. 6¼	200	162.50
35	28.43¾	70	56.87½	225	182.81¼

At 82 Cents.

No.	Dols. Cts.	No.	Dols. Cts.	No.	Dols. Cts.
1	.82	36	29.52	71	58.22
2	1.64	37	30.34	72	59. 4
3	2.46	38	31.16	73	59.86
4	3.28	39	31.98	74	60.68
5	4.10	40	32.80	75	61.50
6	4.92	41	33.62	76	62.32
7	5.74	42	34.44	77	63.14
8	6.56	43	35.26	78	63.96
9	7.38	44	36. 8	79	64.78
10	8.20	45	36.90	80	65.60
11	9. 2	46	37.72	81	66.42
12	9.84	47	38.54	82	67.24
13	10.66	48	39.36	83	68. 6
14	11.48	49	40.18	84	68.88
15	12.30	50	41.	85	69.70
16	13.12	51	41.82	86	70.52
17	13.94	52	42.64	87	71.34
18	14.76	53	43.46	88	72.16
19	15.58	54	44.28	89	72.98
20	16.40	55	45.10	90	73.80
21	17.22	56	45.92	91	74.62
22	18. 4	57	46.74	92	75.44
23	18.86	58	47.56	93	76.26
24	19.68	59	48.38	94	77. 8
25	20.50	60	49.20	95	77.90
26	21.32	61	50. 2	96	78.72
27	22.14	62	50.84	97	79.54
28	22.96	63	51.66	98	80.36
29	23.78	64	52.48	99	81.18
30	24.60	65	53.30	100	82.
31	25.42	66	54.12	125	102.50
32	26.24	67	54.94	150	123.
33	27. 6	68	55.76	175	143.50
34	27.88	69	56.58	200	164.
35	28.70	70	57.40	225	184.50

At 83 Cents.

No.	Dols. Cts.	No.	Dols. Cts.	No.	Dols. Cts.
1	.83	36	29.88	71	58.93
2	1.66	37	30.71	72	59.76
3	2.49	38	31.54	73	60.59
4	3.32	39	32.37	74	61.42
5	4.15	40	33.20	75	62.25
6	4.98	41	34.3	76	63.8
7	5.81	42	34.86	77	63.91
8	6.64	43	35.69	78	64.74
9	7.47	44	36.52	79	65.57
10	8.30	45	37.35	80	66.40
11	9.13	46	38.18	81	67.23
12	9.96	47	39.1	82	68.6
13	10.79	48	39.84	83	68.89
14	11.62	49	40.67	84	69.72
15	12.45	50	41.50	85	70.55
16	13.28	51	42.33	86	71.38
17	14.11	52	43.16	87	72.21
18	14.94	53	43.99	88	73.4
19	15.77	54	44.82	89	73.87
20	16.60	55	45.65	90	74.70
21	17.43	56	46.48	91	75.53
22	18.26	57	47.31	92	76.36
23	19.9	58	48.14	93	77.19
24	19.92	59	48.97	94	78.2
25	20.75	60	49.80	95	78.85
26	21.58	61	50.63	96	79.68
27	22.41	62	51.46	97	80.51
28	23.24	63	52.29	98	81.34
29	24.7	64	53.12	99	82.17
30	24.90	65	53.95	100	83.
31	25.73	66	54.78	125	103.75
32	26.56	67	55.61	150	124.50
33	27.39	68	56.44	175	145.25
34	28.22	69	57.27	200	166.
35	29.5	70	58.10	225	186.75

At 84 Cents.

No.	Dols. Cts.	No.	Dols. Cts.	No.	Dols. Cts.
1	.84	36	30.24	71	59.64
2	1.68	37	31. 8	72	60.48
3	2.52	38	31.92	73	61.32
4	3.36	39	32.76	74	62.16
5	4.20	40	33.60	75	63.
6	5. 4	41	34.44	76	63.84
7	5.88	42	35.28	77	64.68
8	6.72	43	36.12	78	65.52
9	7.56	44	36.96	79	66.36
10	8.40	45	37.80	80	67.20
11	9.24	46	38.64	81	68. 4
12	10. 8	47	39.48	82	68.88
13	10.92	48	40.32	83	69.72
14	11.76	49	41.16	84	70.56
15	12.60	50	42.	85	71.40
16	13.44	51	42.84	86	72.24
17	14.28	52	43.68	87	73. 8
18	15.12	53	44.52	88	73.92
19	15.96	54	45.36	89	74.76
20	16.80	55	46.20	90	75.60
21	17.64	56	47. 4	91	76.44
22	18.48	57	47.88	92	77.28
23	19.32	58	48.72	93	78.12
24	20.16	59	49.56	94	78.96
25	21.	60	50.40	95	79.80
26	21.84	61	51.24	96	80.64
27	22.68	62	52. 8	97	81.48
28	23.52	63	52.92	98	82 32
29	24.36	64	53.76	99	83.16
30	25.20	65	54.60	100	84.
31	26. 4	66	55.44	125	105.
32	26.88	67	56.28	150	126.
33	27.72	68	57.12	175	147.
34	28.56	69	57.96	200	168.
35	29.40	70	58.80	225	189.

At 85 Cents.

No.	Dols. Cts.	No.	Dols. Cts.	No.	Dols. Cts.
1	.85	36	30.60	71	60.35
2	1.70	37	31.45	72	61.20
3	2.55	38	32.30	73	62. 5
4	3.40	39	33.15	74	62.90
5	4.25	40	34.	75	63.75
6	5.10	41	34.85	76	64.60
7	5.95	42	35.70	77	65.45
8	6.80	43	36.55	78	66.30
9	7.65	44	37.40	79	67.15
10	8.50	45	38.25	80	68.
11	9.35	46	39.10	81	68.85
12	10.20	47	39.95	82	69.70
13	11. 5	48	40.80	83	70.55
14	11.90	49	41.65	84	71.40
15	12.75	50	42.50	85	72.25
16	13.60	51	43.35	86	73.10
17	14.45	52	44.20	87	73.95
18	15.30	53	45. 5	88	74.80
19	16.15	54	45.90	89	75.65
20	17.	55	46.75	90	76.50
21	17.85	56	47.60	91	77.35
22	18.70	57	48.45	92	78.20
23	19.55	58	49.30	93	79. 5
24	20.40	59	50.15	94	79.90
25	21.25	60	51.	95	80.75
26	22.10	61	51.85	96	81.60
27	22.95	62	52.70	97	82.45
28	23.80	63	53.55	98	83.30
29	24.65	64	54.40	99	84.15
30	25.50	65	55.25	100	85.
31	26.35	66	56.10	125	106.25
32	27.20	67	56.95	150	127.50
33	28. 5	68	57.80	175	148.75
34	28.90	69	58.65	200	170.
35	29.75	70	59.50	225	191.25

At 86 Cents.

No.	Dols. Cts.	No.	Dols. Cts.	No.	Dols. Cts.
1	.86	36	30.96	71	61. 6
2	1.72	37	31.82	72	61.92
3	2.58	38	32.68	73	62.78
4	3.44	39	33.54	74	63.64
5	4.30	40	34.40	75	64.50
6	5.16	41	35.26	76	65.36
7	6. 2	42	36.12	77	66.22
8	6.88	43	36.98	78	67. 8
9	7.74	44	37.84	79	67.94
10	8.60	45	38.70	80	68.80
11	9.46	46	39.56	81	69.66
12	10.32	47	40.42	82	70.52
13	11.18	48	41.28	83	71.38
14	12. 4	49	42.14	84	72.24
15	12.90	50	43.	85	73.10
16	13.76	51	43.86	86	73.96
17	14.62	52	44.72	87	74.82
18	15.48	53	45.58	88	75.68
19	16.34	54	46.44	89	76.54
20	17.10	55	47.30	90	77.40
21	18. 6	56	48.16	91	78.26
22	18.92	57	49. 2	92	79.12
23	19.78	58	49.88	93	79.98
24	20.64	59	50.74	94	80.84
25	21.50	60	51.60	95	81.70
26	22.36	61	52.46	96	82.56
27	23.22	62	53.32	97	83.42
28	24. 8	63	54.18	98	84.28
29	24.94	64	55. 4	99	85.14
30	25.80	65	55.90	100	86.
31	26.66	66	56.76	125	107.50
32	27.52	67	57.62	150	129.
33	28.38	68	58.48	175	150.50
34	29.24	69	59.31	2 0	172.
35	30.10	70	60.20	225	193.50

At 87 Cents.

No.	Dols. Cts.	No.	Dols. Cts.	No.	Dols. Cts.
1	.87	36	31.32	71	61.77
2	1.74	37	32.19	72	62.64
3	2.61	38	33. 6	73	63.51
4	3.48	39	33.93	74	64.38
5	4.35	40	34.80	75	65.25
6	5.22	41	35.67	76	66.12
7	6. 9	42	36.54	77	66.99
8	6.96	43	37.41	78	67.86
9	7.83	44	38.28	79	68.73
10	8.70	45	39.15	80	69.60
11	9.57	46	40. 2	81	70.47
12	10.44	47	40.89	82	71.34
13	11.31	48	41.76	83	72.21
14	12.18	49	42.63	84	73. 8
15	13. 5	50	43.50	85	73.95
16	13.92	51	44.37	86	74.82
17	14.79	52	45.24	87	75.69
18	15.66	53	46.11	88	76.56
19	16.53	54	46.98	89	77.43
20	17.40	55	47.85	90	78.30
21	18.27	56	48.72	91	79.17
22	19.14	57	49.59	92	80. 4
23	20. 1	58	50.46	93	80.91
24	20.88	59	51.33	94	81.78
25	21.75	60	52.20	95	82.65
26	22.62	61	53. 7	96	83.52
27	23.49	62	53.94	97	84.39
28	24.36	63	54.81	98	85.26
29	25.23	64	55.68	99	86.13
30	26.10	65	56.55	100	87.
31	26.97	66	57.42	125	108.75
32	27.84	67	58.29	150	130.50
33	28.71	68	59.16	175	152.25
34	29.58	69	60. 3	200	174.
35	30.45	70	60.90	225	195.75

At 87½ Cents, or ⅞ of a Dollar.

No.	Dols. Cts.	No.	Dols. Cts.	No.	Dols. Cts.
1	.87½	36	31.50	71	62.12½
2	1.75	37	32.37½	72	63.
3	2.62½	38	33.25	73	63.87½
4	3.50	39	34.12½	74	64.75
5	4.37½	40	35.	75	65.62½
6	5.25	41	35.87½	76	66.50
7	6.12½	42	36.75	77	67.37½
8	7.	43	37.62½	78	68.25
9	7.87½	44	38.50	79	69.12½
10	8.75	45	39.37½	80	70.
11	9.62½	46	40.25	81	70.87½
12	10.50	47	41.12½	82	71.75
13	11.37½	48	42.	83	72.62½
14	12.25	49	42.87½	84	73.50
15	13.12½	50	43.75	85	74.37½
16	14.	51	44.62½	86	75.25
17	14.87½	52	45.50	87	76.12½
18	15.75	53	46.37½	88	77.
19	16.62½	54	47.25	89	77.87½
20	17.50	55	48.12½	90	78.75
21	18.37½	56	49.	91	79.62½
22	19.25	57	49.87½	92	80.50
23	20.12½	58	50.75	93	81.37½
24	21.	59	51.62½	94	82.25
25	21.87½	60	52.50	95	83.12½
26	22.75	61	53.37½	96	84.
27	23.62½	62	54.25	97	84.87½
28	24.50	63	55.12½	98	85.75
29	25.37½	64	56.	99	86.62½
30	26.25	65	56.87½	100	87.50
31	27.12½	66	57.75	125	109.37½
32	28.	67	58.62½	150	131.25
33	28.87½	68	59.50	175	153.12½
34	29.75	69	60.37½	200	175.
35	30.62½	70	61.25	225	196.87½

At 88 Cents.

No.	Dols. Cts.	No.	Dols. Cts.	No.	Dols. Cts.
1	.88	36	31.68	71	62.48
2	1.76	37	32.56	72	63.36
3	2.64	38	33.44	73	64.24
4	3.52	39	34.32	74	65.12
5	4.40	40	35.20	75	66.
6	5.28	41	36. 8	76	66.88
7	6.16	42	36.96	77	67.76
8	7. 4	43	37.84	78	68.64
9	7.92	44	38.72	79	69.52
10	8.80	45	39.60	80	70.40
11	9.68	46	40.48	81	71.28
12	10.56	47	41.36	82	72.16
13	11.44	48	42.24	83	73. 4
14	12.32	49	43.12	84	73.92
15	13.20	50	44.	85	74.80
16	14. 8	51	44.88	86	75.68
17	14.96	52	45.76	87	76.56
18	15.84	53	46.64	88	77.44
19	16.72	54	47.52	89	78.32
20	17.60	55	48.40	90	79.20
21	18.48	56	49.28	91	80. 8
22	19.36	57	50.16	92	80.96
23	20.24	58	51. 4	93	81.84
24	21.12	59	51.92	94	82.72
25	22.	60	52.80	95	83.60
26	22.88	61	53.68	96	84.48
27	23.76	62	54.56	97	85.36
28	24.64	63	55.44	98	86.24
29	25.52	64	56.32	99	87.12
30	26.40	65	57.20	100	88.
31	27.28	66	58. 8	125	110.
32	28.16	67	58.96	150	132.
33	29. 4	68	59.84	175	154.
34	29.92	69	60.72	200	178.
35	30.80	70	61.60	225	200.

At 89 Cents.

No.	Dols. Cts.	No.	Dols. Cts.	No.	Dols. Cts.
1	.89	36	32. 4	71	63.19
2	1.78	37	32.93	72	64. 8
3	2.67	38	33.82	73	64.97
4	3.56	39	34.71	74	65.86
5	4.45	40	35.60	75	66.75
6	5.34	41	36.49	76	67.64
7	6.23	42	37.38	77	68.53
8	7.12	43	38.27	78	69.42
9	8. 1	44	39.16	79	70.31
10	8.90	45	40. 5	80	71.20
11	9.79	46	40.94	81	72. 9
12	10.68	47	41.83	82	72.98
13	11.57	48	42.72	83	73.87
14	12.46	49	43.61	84	74.76
15	13.35	50	44.50	85	75.65
16	14.24	51	45.39	86	76.54
17	15.13	52	46.28	87	77.43
18	16. 2	53	47.17	88	78.32
19	16.91	54	48. 6	89	79.21
20	17.80	55	48.95	90	80.10
21	18.69	56	49.84	91	80.99
22	19.58	57	50.73	92	81.88
23	20.47	58	51.62	93	82.77
24	21.36	59	52.51	94	83.66
25	22.25	60	53.40	95	84.55
26	23.14	61	54.29	96	85.44
27	24. 3	62	55.18	97	86.33
28	24.92	63	56. 7	98	87.22
29	25.81	64	56.96	99	88.11
30	26.70	65	57.85	100	89.
31	27.59	66	58.74	125	111.25
32	28.48	67	59.63	150	133.50
33	29.37	68	60.52	175	155.75
34	30.26	69	61.41	200	178.
35	31.15	70	62.30	225	200.25

At 90 Cents.

No.	Dols. Cts.	No.	Dols. Cts.	No.	Dols. Cts.
1	.90	36	32.40	71	63.90
2	1.80	37	33.30	72	64.80
3	2.70	38	34.20	73	65.70
4	3.60	39	35.10	74	66.60
5	4.50	40	36.	75	67.50
6	5.40	41	36.90	76	68.40
7	6.30	42	37.80	77	69.30
8	7.20	43	38.70	78	70.20
9	8.10	44	39.60	79	71.10
10	9.	45	40.50	80	72.
11	9.90	46	41.40	81	72.90
12	10.80	47	42.30	82	73.80
13	11.70	48	43.20	83	74.70
14	12.60	49	44.10	84	75.60
15	13.50	50	45.	85	76.50
16	14.40	51	45.90	86	77.40
17	15.30	52	46.80	87	78.30
18	16.20	53	47.70	88	79.20
19	17.10	54	48.60	89	80.10
20	18.	55	49.50	90	81.
21	18.90	56	50.40	91	81.90
22	19.80	57	51.30	92	82.80
23	20.70	58	52.20	93	83.70
24	21.60	59	53.10	94	84.60
25	22.50	60	54.	95	85.50
26	23.40	61	54.90	96	86.40
27	24.30	62	55.80	97	87.30
28	25.20	63	56.70	98	88.20
29	26.10	64	57.60	99	89.10
30	27.	65	58.50	100	90.
31	27.90	66	59.40	125	112.50
32	28.80	67	60.30	150	135.
33	29.70	68	61.20	175	157.50
34	30.60	69	62.10	200	180.
35	31.50	70	63.	225	202.50

At 91 Cents.

No.	Dols. Cts.	No.	Dols. Cts.	No.	Dols. Cts.
1	.91	36	32.76	71	64.61
2	1.82	37	33.67	72	65.52
3	2.73	38	34.58	73	66.43
4	3.64	39	35.49	74	67.34
5	4.55	40	36.40	75	68.25
6	5.46	41	37.31	76	69.16
7	6.37	42	38.22	77	70. 7
8	7.28	43	39.13	78	70.98
9	8.19	44	40. 4	79	71.89
10	9.10	45	40.95	80	72.80
11	10. 1	46	41.86	81	73.71
12	10.92	47	42.77	82	74.62
13	11.83	48	43.68	83	75.53
14	12.74	49	44.59	84	76.44
15	13.65	50	45.50	85	77.35
16	14.56	51	46.41	86	78.26
17	15.47	52	47.32	87	79.17
18	16.38	53	48.23	88	80. 8
19	17.29	54	49.14	89	80.99
20	18.20	55	50. 5	90	81.90
21	19.11	56	50.96	91	82.81
22	20. 2	57	51.87	92	83.72
23	20.93	58	52.78	93	84.63
24	21.84	59	53.69	94	85.54
25	22.75	60	54.60	95	86.45
26	23.66	61	55.51	96	87.36
27	24.57	62	56.42	97	88.27
28	25.48	63	57.33	98	89.18
29	26.39	64	58.24	99	90. 9
30	27.30	65	59.15	100	91.
31	28.21	66	60. 6	125	113.75
32	29.12	67	60.97	150	136.50
33	30. 3	68	61.88	175	159.25
34	30.94	69	62.79	200	182.
35	31.85	70	63.70	225	204.75

At 92 Cents.

No.	Dols. Cts.	No.	Dols. Cts.	No.	Dols. Cts.
1	.92	36	33.12	71	65.32
2	1.84	37	34. 4	72	66.24
3	2.76	38	34.96	73	67.16
4	3.68	39	35.88	74	68. 8
5	4.60	40	36.80	75	69.
6	5.52	41	37.72	76	69.92
7	6.44	42	38.64	77	70.84
8	7.36	43	39.56	78	71.76
9	8.28	44	40.48	79	72.68
10	9.20	45	41.40	80	73.60
11	10.12	46	42.32	81	74.52
12	11. 4	47	43.24	82	75.44
13	11.96	48	44.16	83	76.36
14	12.88	49	45. 8	84	77.28
15	13.80	50	46.	85	78.20
16	14.72	51	46.92	86	79.12
17	15.64	52	47.84	87	80. 4
18	16.56	53	48.76	88	80.96
19	17.48	54	49.68	89	81.88
20	18.40	55	50.60	90	82.80
21	19.32	56	51.52	91	83.72
22	20.24	57	52.44	92	84.64
23	21.16	58	53.36	93	85.56
24	22. 8	59	54.28	94	86.48
25	23.	60	55.20	95	87.40
26	23.92	61	56.12	96	88.32
27	24.84	62	57. 4	97	89.24
28	25.76	63	57.96	98	90.16
29	26.68	64	58.88	99	91. 8
30	27.60	65	59.80	100	92.
31	28.52	66	60.72	125	115.
32	29.44	67	61.64	150	138.
33	30.36	68	62.56	175	161.
34	31.28	69	63.48	200	184.
35	32.20	70	64.40	225	107.

At 93 Cents.

Dols. Cts.	No.	Dols. Cts.	No.	Dols. Cts.
.93	36	33.48	71	66. 3
1.86	37	34.41	72	66.96
2.79	38	35.34	73	67.89
3.72	39	36.27	74	68.82
4.65	40	37.20	75	69.75
5.58	41	38.13	76	70.68
6.51	42	39. 6	77	71.61
7.44	43	39.99	78	72.54
8.37	44	40.92	79	73.47
9.30	45	41.85	80	74.40
10.23	46	42.78	81	75.33
11.16	47	43.71	82	76.26
12. 9	48	44.64	83	77.19
13. 2	49	45.57	84	78.12
13.95	50	46.50	85	79. 5
14.88	51	47.43	86	79.98
15.81	52	48.36	87	80.91
16.74	53	49.29	88	81.84
17.67	54	50.22	89	82.77
18.60	55	51.15	90	83.70
19.53	56	52. 8	91	84.63
20.46	57	53. 1	92	85.56
21.39	58	53.94	93	86.49
22.32	59	54.87	94	87.42
23.25	60	55.80	95	88.35
24.18	61	56.73	96	89.28
25.11	62	57.66	97	90.21
26. 4	63	58.59	98	91.14
26.97	64	59.52	99	92. 7
27.90	65	60.45	100	93.
28.83	66	61.38	125	116 25
29.76	67	62.31	150	139.50
30.69	68	63.24	175	162.75
31.62	69	64.17	200	186.
32.55	70	65.10	225	109.25

L

At 93¾ Cents, or 15/16 of a Dollar.

No.	Dols. Cts.	No.	Dols. Cts.	No.	Dols. Cts.
1	.93¾	36	33.75	71	66.56¼
2	1.87½	37	34.68¾	72	67.50
3	2.81¼	38	35.62½	73	68.43¾
4	3.75	39	36.56¼	74	69.37½
5	4.68¾	40	37.50	75	70.31¼
6	5.62½	41	38.43¾	76	71 25
7	6.56¼	42	39.37½	77	72.18¾
8	7.50	43	40.31¼	78	73.12½
9	8.43¾	44	41.25	79	74. 6¼
10	9.37½	45	42.18¾	80	75.
11	10.31¼	46	43.12½	81	75.93¾
12	11.25	47	44. 6¼	82	76.87½
13	12.18¾	48	45.	83	77.81¼
14	13.12½	49	45.93¾	84	78.75
15	14. 6¼	50	46.87½	85	79.68¾
16	15.	51	47.81¼	86	80.62½
17	15.93¾	52	48.75	87	81.56¼
18	16.87½	53	49.68¾	88	82.50
19	17.81¼	54	50.62½	89	83.43¾
20	18.75	55	51.56¼	90	84.37½
21	19.68¾	56	52.50	91	85.31¼
22	20.62½	57	53.43¾	92	86.25
23	21.56¼	58	54.37½	93	87.18¾
24	22.50	59	55.31¼	94	88.12½
25	23.43¾	60	56.25	95	89. 6¼
26	24.37½	61	57.18¾	96	90.
27	25.31¼	62	58.12½	97	90.93¾
28	26.25	63	59. 6¼	98	91.87½
29	27.18¾	64	60.	99	92.81¼
30	28.12½	65	60.93¾	100	93.75
31	29. 6¼	66	61.87½	125	117.18¾
32	30.	67	62.81¼	150	140.62½
33	30.93¾	68	63.75	175	164. 6¼
34	31.87½	69	64.68¾	200	187.50
35	32.81¼	70	65.62½	225	210.93¾

No.	Dols. Cts.	No.	Dols. Cts.	No.	Dols. Cts.
1	.94	36	33.84	71	66.74
2	1.88	37	34.78	72	67.08
3	2.82	38	35.72	73	68.62
4	3.76	39	36.66	74	69.56
5	4.70	40	37.60	75	70.50
6	5.64	41	38.54	76	71.44
7	6.58	42	39.48	77	72.38
8	7.52	43	40.42	78	73.32
9	8.46	44	41.36	79	74.26
10	9.40	45	42.30	80	75.20
11	10.34	46	43.24	81	76.14
12	11.28	47	44.18	82	77.8
13	12.22	48	45.12	83	78.2
14	13.16	49	46.6	84	78.96
15	14.10	50	47.	85	79.90
16	15.4	51	47.94	86	80.84
17	15.98	52	48.88	87	81.78
18	16.92	53	49.82	88	82.72
19	17.86	54	50.76	89	83.66
20	18.80	55	51.70	90	84.60
21	19.74	56	52.64	91	85.54
22	20.68	57	53.58	92	86.48
23	21.62	58	54.52	93	87.42
24	22.56	59	55.46	94	88.36
25	23.50	60	56.40	95	89.30
26	24.44	61	57.34	96	90.24
27	25.38	62	58.28	97	91.18
28	26.32	63	59.22	98	92.12
29	27.26	64	60.16	99	93.6
30	28.20	65	61.10	100	94.
31	29.14	66	62.4	125	117.50
32	30.8	67	62.98	150	141.
33	31.2	68	63.92	175	164.50
34	31.96	69	64.86	200	188.
35	32.90	70	65.80	225	211.50

At 95 Cents.

No.	Dols. Cts.	No.	Dols. Cts.	No.	Dols. Cts.
1	.95	36	34.20	71	67.45
2	1.90	37	35.15	72	68.40
3	2.85	38	36.10	73	69.35
4	3.80	39	37. 5	74	70.30
5	4.75	40	38.	75	71.25
6	5.70	41	38.95	76	72.20
7	6.65	42	39.90	77	73.15
8	7.60	43	40.85	78	74.10
9	8.55	44	41.80	79	75. 5
10	9.50	45	42.75	80	76.
11	10.45	46	43.70	81	76.95
12	11.40	47	44.65	82	77.90
13	12.35	48	45.60	83	78.85
14	13.30	49	46.55	84	79.80
15	14.25	50	47.50	85	80.75
16	15.20	51	48.45	86	81.70
17	16.15	52	49.40	87	82.65
18	17.10	53	50.35	88	83.60
19	18. 5	54	51.30	89	84.55
20	19.	55	52.25	90	85.50
21	19.95	56	53.20	91	86.45
22	20.90	57	54.15	92	87.40
23	21.85	58	55.10	93	88.35
24	22.80	59	56. 5	94	89.30
25	23.75	60	57.	95	90.25
26	24.70	61	57.95	96	91.20
27	25.65	62	58.90	97	92.15
28	26.60	63	59.85	98	93.10
29	27.55	64	60.80	99	94. 5
30	28.50	65	61.75	100	95.
31	29.45	66	62.70	125	118.75
32	30.40	67	63.65	150	142.50
33	31.35	68	64.60	175	166.25
34	32.30	69	65.55	200	190.
35	33.25	70	66.50	225	213.75

At 96 Cents.

No.	Dols. Cts.	No.	Dols. Cts.	No.	Dols. Cts.
1	.96	36	34.56	71	68.16
2	1.92	37	35.52	72	69.12
3	2.88	38	36.48	73	70. 8
4	3.84	39	37.44	74	71. 4
5	4.80	40	38.40	75	72.
6	5.76	41	39.36	76	72.96
7	6.72	42	40.32	77	73.92
8	7.68	43	41.28	78	74.88
9	8.64	44	42.24	79	75.84
10	9.60	45	43.20	80	76.80
11	10.56	46	44.16	81	77.76
12	11.52	47	45.12	82	78.72
13	12.48	48	46. 8	83	79.68
14	13.44	49	47. 4	84	80.64
15	14.40	50	48.	85	81.60
16	15.36	51	48.96	86	82.56
17	16.32	52	49.92	87	83.52
18	17.28	53	50.88	88	84.48
19	18.24	54	51.84	89	85.44
20	19.20	55	52.80	90	86.40
21	20.16	56	53.76	91	87.36
22	21.12	57	54.72	92	88.32
23	22. 8	58	55.68	93	89.28
24	23. 4	59	56.64	94	90.24
25	24.	60	57.60	95	91.20
26	24.96	61	58.56	96	92.16
27	25.92	62	59.52	97	93.12
28	26.88	63	60.48	98	94. 8
29	27.84	64	61.44	99	95. 4
30	28.80	65	62.40	100	96.
31	29.76	66	63.36	125	120.
32	30.72	67	64.32	150	144.
33	31.68	68	65.28	175	168.
34	32.64	69	66.24	200	192.
35	33.60	70	67.20	225	216.

At 97 Cents.

No.	Dols. Cts.	No.	Dols. Cts.	No.	Dols. Cts.
1	.97	36	34.92	71	68.87
2	1.94	37	35.89	72	69.84
3	2.91	38	36.86	73	70.81
4	3.88	39	37.83	74	71.78
5	4.85	40	38.80	75	72.75
6	5.82	41	39.77	76	73.72
7	6.79	42	40.74	77	74.69
8	7.76	43	41.71	78	75.66
9	8.73	44	42.68	79	76.63
10	9.70	45	43.65	80	77.60
11	10.67	46	44.62	81	78.57
12	11.64	47	45.59	82	79.54
13	12.61	48	46.56	83	80.51
14	13.58	49	47.53	84	81.48
15	14.55	50	48.50	85	82.45
16	15.52	51	49.47	86	83.42
17	16.49	52	50.44	87	84.39
18	17.46	53	51.41	88	85.36
19	18.43	54	52.38	89	86.33
20	19.40	55	53.35	90	87.30
21	20.37	56	54.32	91	88.27
22	21.34	57	55.29	92	89.24
23	22.31	58	56.26	93	90.21
24	23.28	59	57.23	94	91.18
25	24.25	60	58.20	95	92.15
26	25.22	61	59.17	96	93.12
27	26.19	62	60.14	97	94. 9
28	27.16	63	61.11	98	95. 6
29	28.13	64	62. 8	99	96. 3
30	29.10	65	63. 5	100	97.
31	30. 7	66	64. 2	125	121.25
32	31. 4	67	64.99	150	145.50
33	32. 1	68	65.96	175	169.75
34	32.98	69	66.93	200	194.
35	33.95	70	67.90	225	218.25

At 98 Cents.

No.	Dols. Cts.	No.	Dols. Cts.	No.	Dols. Cts.
1	.98	36	35.28	71	69.58
2	1.96	37	36.26	72	70.56
3	2.94	38	37.24	73	71.54
4	3.92	39	38.22	74	72.52
5	4.90	40	39.20	75	73.50
6	5.88	41	40.18	76	74.48
7	6.86	42	41.16	77	75.46
8	7.84	43	42.14	78	76.44
9	8.82	44	43.12	79	77.42
10	9.80	45	44.10	80	78.40
11	10.78	46	45. 8	81	79.38
12	11.76	47	46. 6	82	80.36
13	12.74	48	47. 4	83	81.34
14	13.72	49	48. 2	84	82.32
15	14.70	50	49.	85	83.30
16	15.68	51	49.98	86	84.28
17	16.66	52	50.96	87	85.26
18	17.64	53	51.94	88	86.24
19	18.62	54	52.92	89	87.22
20	19.60	55	53.90	90	88.20
21	20.58	56	54.88	91	89.18
22	21.56	57	55.86	92	90.16
23	22.54	58	56.84	93	91.14
24	23.52	59	57.82	94	92.12
25	24.50	60	58.80	95	93.10
26	25.48	61	59.78	96	94. 8
27	26.46	62	60.76	97	95. 6
28	27.44	63	61.74	98	96. 4
29	28.42	64	62.72	99	97. 2
30	29.40	65	63.70	100	98.
31	30.38	66	64.68	125	122.50
32	31.36	67	65.66	150	147.
33	32.34	68	66.64	175	171.50
34	33.32	69	67.62	200	196.
35	34.30	70	68.60	225	220.50

At 99 Cents.

No.	Dols. Cts.	No.	Dols. Cts.	No.	Dols. Cts.
1	.99	36	35.64	71	70.29
2	1.98	37	36.63	72	71.28
3	2.97	38	37.62	73	72.27
4	3.96	39	38.61	74	73.26
5	4.95	40	39.60	75	74.25
6	5.94	41	40.59	76	75.24
7	6.93	42	41.58	77	76.23
8	7.92	43	42.57	78	77.22
9	8.91	44	43.56	79	78.21
10	9.90	45	44.55	80	79.20
11	10.89	46	45.54	81	80.19
12	11.88	47	46.53	82	81.18
13	12.87	48	47.52	83	82.17
14	13.86	49	48.51	84	83.16
15	14.85	50	49.50	85	84.15
16	15.84	51	50.49	86	85.14
17	16.83	52	51.48	87	86.13
18	17.82	53	52.47	88	87.12
19	18.81	54	53.46	89	88.11
20	19.80	55	54.45	90	89.10
21	20.79	56	55.44	91	90.9
22	21.78	57	56.43	92	91.8
23	22.77	58	57.42	93	92.7
24	23.76	59	58.41	94	93.6
25	24.75	60	59.40	95	94.5
26	25.74	61	60.39	96	95.4
27	26.73	62	61.38	97	96.3
28	27.72	63	62.37	98	97.2
29	28.71	64	63.36	99	98.1
30	29.70	65	64.35	100	99.
31	30.69	66	65.34	125	123.75
32	31.68	67	66.33	150	148.50
33	32.67	68	67.32	175	173.25
34	33.66	69	68.31	200	198.
35	34.65	70	69.30	225	222.75

At $1 25 Cents.

No.	Dols. Cts.	No.	Dols. Cts.	No.	Dols. Cts.
1	1.25	36	45.	71	88.75
2	2.50	37	46.25	72	90.
3	3.75	38	47.50	73	91.25
4	5.	39	48.75	74	92.50
5	6.25	40	50.	75	93.75
6	7.50	41	51.25	76	95.
7	8.75	42	52.50	77	96.25
8	10.	43	53.75	78	97.50
9	11.25	44	55.	79	98.75
10	12.50	45	56.25	80	100.
11	13.75	46	57.50	81	101.25
12	15.	47	58.75	82	102.50
13	16.25	48	60.	83	103.75
14	17.50	49	61.25	84	105.
15	18.75	50	62.50	85	106.25
16	20.	51	63.75	86	107.50
17	21.25	52	65.	87	108.75
18	22.50	53	66.25	88	110.
19	23.75	54	67.50	89	111.25
20	25.	55	68.75	90	112.50
21	26.25	56	70.	91	113.75
22	27.50	57	71.25	92	115.
23	28.75	58	72.50	93	116.25
24	30.	59	73.75	94	117.50
25	31.25	60	75.	95	118.75
26	32.50	61	76.25	96	120.
27	33.75	62	77.50	97	121.25
28	35.	63	78.75	98	122.50
29	36.25	64	80.	99	123.75
30	37.50	65	81.25	100	125.
31	38.75	66	82.50	125	156.25
32	40.	67	83.75	150	187.50
33	41.25	68	85.	175	218.75
34	42.50	69	86.25	200	250.
35	43.75	70	87.50	225	281.25

At $1 50 Cents.

No.	Dols. Cts.	No.	Dols. Cts.	No.	Dols. Cts.
1	1.50	36	54.	71	106.50
2	3.	37	55.50	72	108.
3	4.50	38	57.	73	109.50
4	6.	39	58.50	74	111.
5	7.50	40	60.	75	112.50
6	9.	41	61.50	76	114.
7	10.50	42	63.	77	115.50
8	12.	43	64.50	78	117.
9	13.50	44	66.	79	118.50
10	15.	45	67.50	80	120.
11	16.50	46	69.	81	121.50
12	18.	47	70.50	82	123.
13	19.50	48	72.	83	124.50
14	21.	49	73.50	84	126.
15	22.50	50	75.	85	127.50
16	24.	51	76.50	86	129.
17	25.50	52	78.	87	130.50
18	27.	53	79.50	88	132.
19	28.50	54	81.	89	133.50
20	30.	55	82.50	90	135.
21	31.50	56	84.	91	136.50
22	33.	57	85.50	92	138.
23	34.50	58	87.	93	139.50
24	36.	59	88.50	94	141.
25	37.50	60	90.	95	142.50
26	39.	61	91.50	96	144.
27	40.50	62	93.	97	145.50
28	42.	63	94.50	98	147.
29	43.50	64	96.	99	148.50
30	45.	65	97.50	100	150.
31	46.50	66	99.	125	187.50
32	48.	67	100.50	150	225.
33	49.50	68	102.	175	262.50
34	51.	69	103.50	200	300.
35	52.50	70	105.	225	337.50

At $1 75 Cents.

No.	Dols. Cts.	No.	Dols. Cts.	No.	Dols. Cts.
1	1.75	36	63.	71	124.25
2	3.50	37	64.75	72	126.
3	5.25	38	66.50	73	127.75
4	7.	39	68.25	74	129.50
5	8.75	40	70.	75	131.25
6	10.50	41	71.75	76	133.
7	12.25	42	73.50	77	134.75
8	14.	43	75.25	78	136.50
9	15.75	44	77.	79	138.25
10	17.50	45	78.75	80	140.
11	19.25	46	80.50	81	141.75
12	21.	47	82.25	82	143.50
13	22.75	48	84.	83	145.25
14	24.50	49	85.75	84	147.
15	26.25	50	87.50	85	148.75
16	28.	51	89.25	86	150.50
17	29.75	52	91.	87	152.25
18	31.50	53	92.75	88	154.
19	33.25	54	94.50	89	155.75
20	35.	55	96.25	90	157.50
21	36.75	56	98.	91	159.25
22	38.50	57	99.75	92	161.
23	40.25	58	101.50	93	162.75
24	42.	59	103.25	94	164.50
25	43.75	60	105.	95	166.25
26	45.50	61	106.75	96	168.
27	47.25	62	108.50	97	169.75
28	49.	63	110.25	98	171.50
29	50.75	64	112.	99	173.25
30	52.50	65	113.75	100	175.
31	54.25	66	115.50	125	218.75
32	56.	67	117.25	150	262.50
33	57.75	68	119.	175	306.25
34	59.50	69	120.75	200	350.
35	61.25	70	122.50	225	393.75

At 2 Dollars.

No.	Dols. Cts.	No.	Dols. Cts.	No.	Dols. Cts.
1	2.	36	72.	71	142.
2	4.	37	74.	72	144.
3	6.	38	76.	73	146.
4	8.	39	78.	74	148.
5	10.	40	80.	75	150.
6	12.	41	82.	76	152.
7	14.	42	84.	77	154.
8	16.	43	86.	78	156.
9	18.	44	88.	79	158.
10	20.	45	90.	80	160.
11	22.	46	92.	81	162.
12	24.	47	94.	82	164.
13	26.	48	96.	83	166.
14	28.	49	98.	84	168.
15	30.	50	100.	85	170.
16	32.	51	102.	86	172.
17	34.	52	104.	87	174.
18	36.	53	106.	88	176.
19	38.	54	108.	89	178.
20	40.	55	110.	90	180.
21	42.	56	112.	91	182.
22	44.	57	114.	92	184.
23	46.	58	116.	93	186.
24	48.	59	118.	94	188.
25	50.	60	120.	95	190.
26	52.	61	122.	96	192.
27	54.	62	124.	97	194.
28	56.	63	126.	98	196.
29	58.	64	128.	99	198.
30	60.	65	130.	100	200.
31	62.	66	132.	125	250.
32	64.	67	134.	150	300.
33	66.	68	136.	175	350.
34	68.	69	138.	200	400.
35	70.	70	140.	225	450.

At $2.25 Cents.

No.	Dols. Cts.	No.	Dols. Cts.	No.	Dols. Cts.
1	2.25	36	81.	71	159.75
2	4.50	37	83.25	72	162.
3	6.75	38	85.50	73	164.25
4	9.	39	87.75	74	166.50
5	11.25	40	90.	75	168.75
6	13.50	41	92.25	76	171.
7	15.75	42	94.50	77	173.25
8	18.	43	96.75	78	175.50
9	20.25	44	99.	79	177.75
10	22.50	45	101.25	80	180.
11	24.75	46	103.50	81	182.25
12	27.	47	105.75	82	184.50
13	29.25	48	108.	83	186.75
14	31.50	49	110.25	84	189.
15	33.75	50	112.50	85	191.25
16	36.	51	114.75	86	193.50
17	38.25	52	117.	87	195.75
18	40.50	53	119.25	88	198.
19	42.75	54	121.50	89	200.25
20	45.	55	123.75	90	202.50
21	47.25	56	126.	91	204.75
22	49.50	57	128.25	92	207.
23	51.75	58	130.50	93	209.25
24	54.	59	132.75	94	211.50
25	56.25	60	135.	95	213.75
26	58.50	61	137.25	96	216.
27	60.75	62	139.50	97	218.25
28	63.	63	141.75	98	220.50
29	65.25	64	144.	99	222.75
30	67.50	65	146.25	100	225.
31	69.75	66	148.50	125	281.25
32	72.	67	150.75	150	337.50
33	74.25	68	153.	175	393.75
34	76.50	69	155.25	200	450.
35	78.75	70	157.50	225	506.25

At $2 50 Cents.

No.	Dols. Cts.	No.	Dols. Cts.	No.	Dols. Cts.
1	2.50	36	90.	71	177.50
2	5.	37	92.50	72	180.
3	7.50	38	95.	73	182.50
4	10.	39	97.50	74	185.
5	12.50	40	100.	75	187.50
6	15.	41	102.50	76	190.
7	17.50	42	105.	77	192.50
8	20.	43	107.50	78	195.
9	22.50	44	110.	79	197.50
10	25.	45	112.50	80	200.
11	27.50	46	115.	81	202.50
12	30.	47	117.50	82	205.
13	32.50	48	120.	83	207.50
14	35.	49	122.50	84	210.
15	37.50	50	125.	85	212.50
16	40	51	127.50	86	215.
17	42.50	52	130.	87	217.50
18	45.	53	132.50	88	220.
19	47.50	54	135.	89	222.50
20	50.	55	137.50	90	225.
21	52.50	56	140.	91	227.50
22	55.	57	142.50	92	230.
23	57.50	58	145.	93	232.50
24	60.	59	147.50	94	235.
25	62.50	60	150.	95	237.50
26	65.	61	152.50	96	240.
27	67.50	62	155.	97	242.50
28	70.	63	157.50	98	245.
29	72.50	64	160.	99	247.50
30	75.	65	162.50	100	250.
31	77.50	66	165.	125	312.50
32	80.	67	167.50	150	375.
33	82.50	68	170.	175	437.50
34	85.	69	172.50	200	500.
35	87.50	70	175.	225	562.50

At $2 75 Cents.

No.	Dols. Cts.	No.	Dols. Cts.	No.	Dols. Cts.
1	2.75	36	99.	71	195.25
2	5.50	37	101.75	72	198.
3	8.25	38	104.50	73	200.75
4	11.	39	107.25	74	203.50
5	13.75	40	110.	75	206.25
6	16.50	41	112.75	76	209.
7	19.25	42	115.50	77	211.75
8	22.	43	118.25	78	214.50
9	24.75	44	121.	79	217.25
10	27.50	45	123.75	80	220.
11	30.25	46	126.50	81	222.75
12	33.	47	129.25	82	225.50
13	35.75	48	132.	83	228.25
14	38.50	49	134.75	84	231.
15	41.25	50	137.50	85	233.75
16	44.	51	140.25	86	236.50
17	46.75	52	143.	87	239.25
18	49.50	53	145.75	88	242.
19	52.25	54	148.50	89	244.75
20	55.	55	151.25	90	247.50
21	57.75	56	154.	91	250.25
22	60.50	57	156.75	92	253.
23	63.25	58	159.50	93	255.75
24	66.	59	162.25	94	258.50
25	68.75	60	165.	95	261.25
26	71.50	61	167.75	96	264.
27	74.25	62	170.50	97	266.75
28	77.	63	173.25	98	269.50
29	79.75	64	176.	99	272.25
30	82.50	65	178.75	100	275.
31	85.25	66	181.50	125	343.75
32	88.	67	184.25	150	412.50
33	90.75	68	187.	175	481.25
34	93.50	69	189.75	200	550.
35	96.25	70	192.50	225	618.75

At 3 Dollars.

No.	Dols. Cts.	No.	Dols. Cts.	No.	Dols. Cts.
1	3.	36	108.	71	213.
2	6.	37	111.	72	216.
3	9.	38	114.	73	219.
4	12.	39	117.	74	222.
5	15.	40	120.	75	225.
6	18.	41	123.	76	228.
7	21.	42	126.	77	231.
8	24.	43	129.	78	234.
9	27.	44	132.	79	237.
10	30.	45	135.	80	240.
11	33.	46	138.	81	243
12	36.	47	141.	82	246.
13	39.	48	144.	83	249.
14	42.	49	147.	84	252
15	45.	50	150.	85	255
16	48.	51	153.	86	258.
17	51.	52	156.	87	261.
18	54.	53	159.	88	264.
19	57.	54	162.	89	267.
20	60.	55	165.	90	270.
21	63.	56	168.	91	273.
22	66.	57	171.	92	276.
23	69.	58	174.	93	279.
24	72.	59	177.	94	282.
25	75.	60	180.	95	285.
26	78.	61	183.	96	288.
27	81.	62	186.	97	291.
28	84.	63	189.	98	294.
29	87.	64	192.	99	297.
30	90.	65	195.	100	300.
31	93.	66	198.	125	375.
32	96.	67	201.	150	450.
33	99.	68	204.	175	525.
34	102.	69	207.	200	600.
35	105.	70	210.	225	675.

At $3 25 Cents.

No.	Dols. Cts.	No.	Dols. Cts.	No.	Dols. Cts.
1	3.25	36	117.	71	230.75
2	6.50	37	120.25	72	234.
3	9.75	38	123.50	73	237.25
4	13.	39	126.75	74	240.50
5	16.25	40	130.	75	243.75
6	19.50	41	133.25	76	247.
7	22.75	42	136.50	77	250.25
8	26.	43	139.75	78	253.50
9	29.25	44	143.	79	256.75
10	32.50	45	146.25	80	260.
11	35.75	46	149.50	81	263.25
12	39.	47	152.75	82	266.50
13	42.25	48	156.	83	269.75
14	45.50	49	159.25	84	273.
15	48.75	50	162.50	85	276.25
16	52.	51	165.75	86	279.50
17	55.25	52	169.	87	282.75
18	58.50	53	172.25	88	286.
19	61.75	54	175.50	89	289.25
20	65.	55	178.75	90	292.50
21	68.25	56	182.	91	295.75
22	71.50	57	185.25	92	299.
23	74.75	58	188.50	93	302.25
24	78.	59	191.75	94	305.50
25	81.25	60	195.	95	308.75
26	84.50	61	198.25	96	312.
27	87.75	62	201.50	97	315.25
28	91.	63	204.75	98	318.50
29	94.25	64	208.	99	321.75
30	97.50	65	211.25	100	325.
31	100.75	66	214.50	125	406.25
32	104.	67	217.75	150	487.50
33	107.25	68	221.	175	568.75
34	110.50	69	224.25	200	650.
35	113.75	70	227.50	225	731.25

At $3 50 Cents.

No.	Dols. Cts.	No.	Dols. Cts.	No.	Dols. Cts.
1	3.50	36	126.	71	248.50
2	7	37	129.50	72	252.
3	10.50	38	133.	73	255.50
4	14.	39	136.50	74	259.
5	17.50	40	140.	75	262.50
6	21.	41	143.50	76	266.
7	24.50	42	147.	77	269.50
8	28.	43	150.50	78	273.
9	31.50	44	154.	79	276.50
10	35.	45	157.50	80	280.
11	38.50	46	161.	81	283.50
12	42.	47	164.50	82	287.
13	45.50	48	168.	83	290.50
14	49.	49	171.50	84	294.
15	52.50	50	175.	85	297.50
16	56.	51	178.50	86	301.
17	59.50	52	182.	87	304.50
18	63.	53	185.50	88	308.
19	66.50	54	189.	89	311.50
20	70.	55	192.50	90	315.
21	73.50	56	196.	91	318.50
22	77.	57	199.50	92	322.
23	80.50	58	203.	93	325.50
24	84.	59	206.50	94	329.
25	87.50	60	210.	95	332.50
26	91.	61	213.50	96	336.
27	94.50	62	217.	97	339.50
28	98.	63	220.50	98	343.
29	101.50	64	224.	99	346.50
30	105.	65	227.50	100	350.
31	108.50	66	231.	125	437.50
32	112.	67	234.50	150	525.
33	115.50	68	238.	175	612.50
34	119.	69	241.50	200	700.
35	122.50	70	245.	225	787.50

At $3 75 Cents.

No.	Dols. Cts.	No.	Dols. Cts.	No.	Dols. Cts.
1	3.75	36	135.	71	266.25
2	7.50	37	138.75	72	270.
3	11.25	38	142.50	73	273.75
4	15.	39	146.25	74	277.50
5	18.75	40	150.	75	281.25
6	22.50	41	153.75	76	285.
7	26.25	42	157.50	77	288.75
8	30.	43	161.25	78	292.50
9	33.75	44	165.	79	296.25
10	37.50	45	168.75	80	300.
11	41.25	46	172.50	81	303.75
12	45.	47	176.25	82	307.50
13	48.75	48	180.	83	311.25
14	52.50	49	183.75	84	315.
15	56.25	50	187.50	85	318.75
16	60.	51	191.25	86	322.50
17	63.75	52	195.	87	326.25
18	67.50	53	198.75	88	330.
19	71.25	54	202.50	89	333.75
20	75.	55	206.25	90	337.50
21	78.75	56	210.	91	341.25
22	82.50	57	213.75	92	345.
23	86.25	58	217.50	93	348.75
24	90.	59	221.25	94	352.50
25	93.75	60	225.	95	356.25
26	97.50	61	228.75	96	360.
27	101.25	62	232.50	97	363.75
28	105.	63	236.25	98	367.50
29	108.75	64	240.	99	371.25
30	112.50	65	243.75	100	375.
31	116.25	66	247.50	125	468.75
32	120.	67	251.25	150	562.50
33	123.75	68	255.	175	656.25
34	127.50	69	258.75	200	750.
35	131.25	70	262.50	225	843.75

At 4 Dollars.

No.	Dols. Cts.	No.	Dols. Cts.	No.	Dols. Cts.
1	4.	36	144.	71	284.
2	8.	37	148.	72	288.
3	12.	38	152.	73	292.
4	16.	39	156.	74	296.
5	20.	40	160.	75	300.
6	24.	41	164.	76	304.
7	28.	42	168.	77	308.
8	32.	43	172.	78	312.
9	36.	44	176.	79	316.
10	40.	45	180.	80	320.
11	44.	46	184.	81	324.
12	48.	47	188.	82	328.
13	52.	48	192.	83	332.
14	56.	49	196.	84	336.
15	60.	50	200.	85	340.
16	64.	51	204.	86	344.
17	68.	52	208.	87	348.
18	72.	53	212.	88	352.
19	76.	54	216.	89	356.
20	80.	55	220.	90	360.
21	84.	56	224.	91	364.
22	88.	57	228.	92	368.
23	92.	58	232.	93	372.
24	96.	59	236.	94	376.
25	100.	60	240.	95	380.
26	104.	61	244.	96	384.
27	108.	62	248.	97	388.
28	112.	63	252.	98	392.
29	116.	64	256.	99	396.
30	120.	65	260.	100	400.
31	124.	66	264.	125	500.
32	128.	67	268.	150	600.
33	132.	68	272.	175	700.
34	136.	69	276.	200	800.
35	140.	70	280.	225	900.

At $4 25 Cents.

No.	Dols. Cts.	No.	Dols. Cts.	No.	Dols. Cts.
1	4.25	36	153	71	301.75
2	8.50	37	157.25	72	306.
3	12.75	38	161.50	73	310.25
4	17.	39	165.75	74	314.50
5	21.25	40	170.	75	318.75
6	25.50	41	174.25	76	323.
7	29.75	42	178.50	77	327.25
8	34.	43	182.75	78	331.50
9	38.25	44	187.	79	335.75
10	42.50	45	191.25	80	340.
11	46.75	46	195.50	81	344.25
12	51.	47	199.75	82	348.50
13	55.25	48	204.	83	352.75
14	59.50	49	208.25	84	357.
15	63.75	50	212.50	85	361.25
16	68.	51	216.75	86	365.50
17	72.25	52	221.	87	369 75
18	76.50	53	225.25	88	374
19	80.75	54	229.50	89	378 25
20	85.	55	233.75	90	382 50
21	89.25	56	238.	91	386.75
22	93.50	57	242.25	92	391.
23	97.75	58	246.50	93	395.25
24	102.	59	250.75	94	399.50
25	106.25	60	255.	95	403.75
26	110.50	61	259.25	96	408.
27	114.75	62	263.50	97	412.25
28	119.	63	267.75	98	416.50
29	123.25	64	272.	99	420.75
30	127.50	65	276.25	100	425.
31	131.75	66	280.50	125	531.25
32	136.	67	284.75	150	677.50
33	140.25	68	289.	175	743.75
34	144.50	69	293.25	200	850.
35	148.75	70	297.50	225	956.25

At $4 50 Cents.

No.	Dols. Cts.	No.	Dols. Cts.	No.	Dols. Cts.
1	4.50	36	162.	71	319.50
2	9.	37	166.50	72	324.
3	13.50	38	171.	73	328.50
4	18.	39	175.50	74	333.
5	22.50	40	180.	75	337.50
6	27.	41	184.50	76	342.
7	31.50	42	189.	77	346.50
8	36.	43	193.50	78	351.
9	40.50	44	198.	79	355.50
10	45..	45	202.50	80	360.
11	49.50	46	207.	81	364.50
12	54.	47	211.50	82	369.
13	58.50	48	216.	83	373.50
14	63.	49	220.50	84	378.
15	67.50	50	225.	85	382.50
16	72.	51	229.50	86	387.
17	76.50	52	234.	87	391.50
18	81.	53	238.50	88	396.
19	85.50	54	243.	89	400.50
20	90.	55	247.50	90	405.
21	94.50	56	252.	91	409.50
22	99.	57	256.50	92	414.
23	103.50	58	261.	93	418.50
24	108.	59	265.50	94	423.
25	112.50	60	270.	95	427.50
26	117.	61	274.50	96	432.
27	121.50	62	279.	97	436.50
28	126.	63	283.50	98	441.
29	130.50	64	288.	99	445.50
30	135.	65	292.50	100	450.
31	139.50	66	297.	125	562.50
32	144.	67	301.50	150	675.
33	148.50	68	306.	175	787.50
34	153.	69	310.50	200	900.
35	157.50	70	315.	225	1012.50

At $4 75 Cents.

No	Dols. Cts.	No.	Dols. Cts.	No.	Dols. Cts.
1	4.75	36	171.	71	337.25
2	9.50	37	175.75	72	342.
3	14.25	38	180.50	73	346.75
4	19.	39	185.25	74	351.50
5	23.75	40	190.	75	356.25
6	28.50	41	194.75	76	361.
7	33.25	42	199.50	77	365.75
8	38.	43	204.25	78	370.50
9	42.75	44	209.	79	375.25
10	47.50	45	213.75	80	380.
11	52.25	46	218.50	81	384.75
12	57.	47	223.25	82	389.50
13	61.75	48	228.	83	394.25
14	66.50	49	232.75	84	399.
15	71.25	50	237.50	85	403.75
16	76.	51	242.25	86	408.50
17	80.75	52	247.	87	413.25
18	85.50	53	251.75	88	418.
19	90.25	54	256.50	89	422.75
20	95.	55	261.25	90	427.50
21	99.75	56	266.	91	432.25
22	104.50	57	270.75	92	437.
23	109.25	58	275.50	93	441.75
24	114.	59	280.25	94	446.50
25	118.75	60	285.	95	451.25
26	123.50	61	289.75	96	456.
27	128.25	62	294.50	97	460.75
28	133.	63	299.25	98	465.50
29	137.75	64	304.	99	470.25
30	142.50	65	308.75	100	475.
31	147.25	66	313.50	125	593.75
32	152.	67	318.25	150	712.50
33	156.75	68	323.	175	831.25
34	161.50	69	327.75	200	950.
35	166.25	70	332.50	225	1068.75

At 5 Dollars.

No.	Dols. Cts.	No.	Dols. Cts.	No.	Dols. Cts.
1	5.	36	180.	71	355.
2	10.	37	185.	72	360.
3	15.	38	190.	73	365.
4	20.	39	195.	74	370.
5	25.	40	200.	75	375.
6	30.	41	205.	76	380.
7	35.	42	210.	77	385.
8	40.	43	215.	78	390.
9	45.	44	220.	79	395.
10	50.	45	225.	80	400.
11	55.	46	230.	81	405.
12	60.	47	235.	82	410.
13	65.	48	240.	83	415.
14	70.	49	245.	84	420.
15	75.	50	250.	85	425.
16	80.	51	255.	86	430.
17	85.	52	260.	87	435.
18	90.	53	265.	88	440.
19	95.	54	270.	89	445.
20	100.	55	275.	90	450.
21	105.	56	280.	91	455.
22	110.	57	285.	92	460.
23	115.	58	290.	93	465.
24	120.	59	295.	94	470.
25	125.	60	300.	95	475.
26	130.	61	305.	96	480.
27	135.	62	310.	97	485.
28	140.	63	315.	98	490.
29	145.	64	320.	99	495.
30	150.	65	325.	100	500.
31	155.	66	330.	125	625.
32	160.	67	335.	150	750.
33	165.	68	340.	175	875.
34	170.	69	345.	200	1000.
35	175.	70	350.	225	1125.

RATE OF WAGES,

FOR

MANUFACTURERS, MECHANICS,

OR

LABOURERS,

From One Dollar to 9½ Dollars per week;

TOGETHER WITH

AMOUNTS OF BOARD BY THE WEEK,

INTEREST TABLES,

AND

FORMS OF NOTES, RECEIPTS, &c.

Rate of Wages per Week.

DAYS.	50 Cts.	62½ Cts.	75 Cts.	87½ Cts.
	Dols. Cts.	Dols. Cts.	Dols. Cts.	Dols. Cts.
¼	.2	.2½	.3	.3½
½	.4	.5¼	.6¼	.7¼
¾	.6¼	.7¾	.9¼	.10¾
1	.8¼	.10½	.12½	.14½
1¼	.10½	.13	.15½	.18¼
1½	.12½	.15½	.18¾	.22
1¾	.14½	.18	.21¾	.25½
2	.16½	.20¾	.25	.29
2¼	.18¾	.23½	.28	.32¾
2½	.20¾	.26	.31¼	.36½
2¾	.23	.28¾	.34¼	.40
3	.25	.31¼	.37½	.43¾
3¼	.27	.33¾	.40½	.47¼
3½	.29	.36¼	.43¾	.51
3¾	.31¼	.39	.46¾	.54½
4	.33¼	.41½	.50	.58¼
4¼	.35¼	.44	.53	.62
4½	.37½	.46¾	.56¼	.65½
4¾	.39½	.49¼	.59¼	.69¼
5	.41½	.52	.62½	.73
5¼	.43¾	.54½	.65½	.76½
5½	.45¾	.57¼	.68¾	.80
5¾	.47¾	.59¾	.71¾	.83¾
6	.50	.62½	.75	.87½
7	.58¼	.72¾	.87½	1.02
8	.66½	.83¼	1.	1.16½
9	.75	.93¾	1.12½	1.31¼
10	.83¼	1.04	1.25	1.45¾
11	.91¾	1.14¼	1.37½	1.60¼
12	1.	1.25	1.50	1.75
18	1.50	1.87½	2.25	2.62½
24	2.	2.50	3.	3.50
26	2.16½	2.71	3.25	3.79

Rate of Wages per Week.

DAYS.	$1	$1.12½	$1.25	$1.37½
	Dols. Cts.	Dols. Cts.	Dols. Cts	Dols. Cts.
¼	. 4	. 4¾	. 5¼	. 5¾
½	. 8¼	. 9¼	.10½	.11½
¾	.12½	.14	.15½	.17¼
1	.16½	.18¾	.20¾	.23
1¼	.20¾	.23½	.26	.28½
1½	.25	.28	.31¼	.34¼
1¾	.29	.32¾	.36½	.40
2	.33¼	.37½	.41½	.45¾
2¼	.37½	.42¼	.46¾	.51½
2½	.41½	.46¾	.52	.57¼
2¾	.45¾	.51½	.57¼	.63
3	.50	.56¼	.62½	.68¾
3¼	.54	.61	.67¾	.74½
3½	.58¼	.65½	.72¾	.80¼
3¾	.62½	.70¼	.78	.86
4	.66½	.75	.83¼	.91½
4¼	.70¾	.79¾	.88½	97¼
4½	.75	.84¼	.93¾	1.03
4¾	.79	.89	.98¾	1.08¾
5	.83¼	.93¾	1.04	1.14½
5¼	.87½	.98¼	1.09¼	1.20¼
5½	.91¾	1.03	1.14½	1.26
5¾	.95¾	1.07¾	1.19¾	1.31¾
6	1.	1.12½	1.25	1.37½
7	1.16½	1.31¼	1.45¾	1.60½
8	1.33¼	1.50	1.66½	1.83¼
9	1.50	1.68¾	1.87½	2.06¼
10	1.66½	1.87½	2.08¼	2.29
11	1.83¼	2.06¼	2.29	2.52
12	2.	2.25	2.50	2.75
18	3.	3.37½	3.75	4.12½
24	4.	4.50	5.	5.50
26	4.33⅓	4.87½	5.42	5.96

Rate of Wages per Week.

DAYS.	$1.50	$1.62½	$1.75	$1.87½
	Dols. Cts.	Dols. Cts.	Dols. Cts.	Dols. Cts.
¼	.6¼	.6¾	.7¼	.7¾
½	.12½	.13½	.14½	.15½
¾	.18¾	.20¼	.21¾	.23½
1	.25	.27	.29	.31¼
1¼	.31¼	.33¾	.36¼	.39
1½	.37½	.40½	.43¾	.46¾
1¾	.43¾	.47¼	.51	.54¾
2	.50	.54	.58¼	.62½
2¼	.56¼	.61	.65½	.70¼
2½	.62½	.67¾	.73	.78
2¾	.68¾	.74½	.80¼	.86
3	.75	.81¼	.87½	.93¾
3¼	.81¼	.88	.94¾	1.01½
3½	.87½	.94¾	1.02	1.09¼
3¾	.93¾	1.01½	1.09¼	1.17¼
4	1.	1.08¼	1.16½	1.25
4¼	1.06¼	1.15	1.23¾	1.32¾
4½	1.12½	1.21¾	1.31¼	1.40½
4¾	1.18¾	1.28½	1.38½	1.48¼
5	1.25	1.35¼	1.45¾	1.56¼
5¼	1.31¼	1.42¼	1.53¼	1.64
5½	1.37½	1.49	1.60½	1.71¾
5¾	1.43¾	1.55¾	1.67¾	1.79¾
6	1.50	1.62½	1.75	1.87½
7	1.75	1.89½	2.04	2.18¾
8	2.	2.16½	2.33¼	2.50
9	2.25	2.43¾	2.62½	2.81¼
10	2.50	2.70¾	2.91½	3.12½
11	2.75	2.98	3.20¾	3.43¾
12	3.	3.25	3.50	3.75
18	4.50	4.87½	5.25	5.62½
24	6.	6.50	7.	7.50
26	6.50	7.04	7.58¼	8.12½

Rate of Wages per Week.

DAYS.	$2 Dols. Cts.	$2.25 Dols. Cts.	$2.50 Dols. Cts.	$2.75 Dols. Cts.
$\frac{1}{4}$	.8$\frac{1}{4}$	.9$\frac{1}{4}$	.10$\frac{1}{2}$	.11$\frac{1}{2}$
$\frac{1}{2}$	.16$\frac{1}{2}$	.18$\frac{3}{4}$	.20$\frac{3}{4}$	.23
$\frac{3}{4}$	.25	.28	.31$\frac{1}{4}$	.34$\frac{1}{4}$
1	.33$\frac{1}{4}$	.37$\frac{1}{2}$	.41$\frac{1}{2}$	.45$\frac{3}{4}$
1$\frac{1}{4}$	.41$\frac{1}{2}$	.46$\frac{3}{4}$	.52	57$\frac{1}{4}$
1$\frac{1}{2}$	.50	.56$\frac{1}{4}$	.62$\frac{1}{2}$	.68$\frac{3}{4}$
1$\frac{3}{4}$	.58$\frac{1}{4}$	.65$\frac{1}{2}$	.73	.80$\frac{1}{4}$
2	.66$\frac{1}{2}$	.75	.83$\frac{1}{4}$	.91$\frac{1}{2}$
2$\frac{1}{4}$	.75	.84$\frac{1}{4}$	.93$\frac{3}{4}$	1.03
2$\frac{1}{2}$	.83$\frac{1}{4}$	.93$\frac{3}{4}$	1.04	1.14$\frac{1}{4}$
2$\frac{3}{4}$	.91$\frac{1}{2}$	1.03	1.14$\frac{1}{2}$	1.26
3	1.	1.12$\frac{1}{2}$	1.25	1.37$\frac{1}{2}$
3$\frac{1}{4}$	1.08$\frac{1}{4}$	1.21$\frac{3}{4}$	1.35$\frac{1}{2}$	1.49
3$\frac{1}{2}$	1.16$\frac{1}{2}$	1.31$\frac{1}{4}$	1.46	1 60$\frac{1}{4}$
3$\frac{3}{4}$	1.25	1.40$\frac{1}{2}$	1.56$\frac{1}{4}$	1.71$\frac{3}{4}$
4	1.33$\frac{1}{4}$	1.50	1.66$\frac{1}{2}$	1 83$\frac{1}{4}$
4$\frac{1}{4}$	1.41$\frac{1}{2}$	1.59$\frac{1}{4}$	1.77	1 94$\frac{3}{4}$
4$\frac{1}{2}$	1.50	1.68$\frac{3}{4}$	1.87$\frac{1}{2}$	2.06
4$\frac{3}{4}$	1.58$\frac{1}{4}$	1.78	1.97$\frac{3}{4}$	2.17$\frac{1}{2}$
5	1.66$\frac{1}{2}$	1.87$\frac{1}{2}$	2.08$\frac{1}{4}$	2.29
5$\frac{1}{4}$	1.75	1.96$\frac{3}{4}$	2.18$\frac{3}{4}$	2.40$\frac{1}{2}$
5$\frac{1}{2}$	1.83$\frac{1}{4}$	2.06$\frac{1}{4}$	2.29	2.52
5$\frac{3}{4}$	1.91$\frac{1}{2}$	2.15$\frac{1}{2}$	2.39$\frac{1}{2}$	2.63$\frac{1}{2}$
6	2.	2.25	2.50	2.75
7	2.33$\frac{1}{4}$	2.62$\frac{1}{2}$	2.91$\frac{1}{2}$	3.20$\frac{3}{4}$
8	2.66$\frac{1}{2}$	3.	3.33$\frac{1}{4}$	3.66$\frac{1}{2}$
9	3.	3.37$\frac{1}{2}$	3.75	4.12$\frac{1}{2}$
10	3.33$\frac{1}{4}$	3.75	4.16$\frac{3}{4}$	4.58$\frac{1}{4}$
11	3.66$\frac{1}{2}$	4.12$\frac{1}{2}$	4.58$\frac{1}{4}$	5.04$\frac{1}{4}$
12	4.	4.50	5.	5.50
18	6.	6.75	7.50	8.25
24	8.	9.	10.	11.
26	8.66$\frac{1}{2}$	9.75	10.83$\frac{1}{4}$	11.91$\frac{1}{2}$

Rate of Wages per Week.

DAYS.	$3 Dols. Cts.	$3.25 Dols. Cts.	$3.50 Dols. Cts.	$3.75 Dols. Cts.
1/4	.12½	.13½	.14½	.15½
1/2	.25	.27	.29	.31¼
3/4	.37½	.40½	.43¾	.46¾
1	.50	.54	.58¼	.62½
1¼	.62½	.67½	.72¾	.78
1½	.75	.81¼	.87½	.93¾
1¾	.87½	.94¾	1.02	1.09¼
2	1.	1.08¼	1.16½	1.25
2¼	1.12½	1.21¾	1.31¼	1.40½
2½	1.25	1.35¼	1.45¾	1.56¼
2¾	1.37½	1.48¾	1.60¼	1.71¾
3	1.50	1.62½	1.75	1.87½
3¼	1.62½	1.76	1.89½	2.03
3½	1.75	1.89½	2.04	2.18¾
3¾	1.87½	2.03	2.18¾	2.34¼
4	2.	2.16½	2.33¼	2.50
4¼	2.12½	2.30	2.47¾	2.65½
4½	2.25	2.43¾	2.62½	2.81¼
4¾	2.37½	2.57¼	2.77	2.96¾
5	2.50	2.70¾	2.91½	3.12½
5¼	2.62½	2.84¼	3.06¼	3.28
5½	2.75	2.98	3.20¾	3.43¾
5¾	2.87½	3.11½	3.35½	3.59¼
6	3.	3.25	3.50	3.75
7	3.50	3.79	4.08¼	4.37½
8	4.	4.33¼	4.66½	5.
9	4.50	4.87½	5.25	5.62½
10	5.	5.41½	5.83¼	6.25
11	5.50	5.95¾	6.41½	6.87½
12	6.	6.50	7.	7.50
18	9.	9.75	10.50	11.25
24	12.	13.	14.	15.
26	13.	14.08¼	15.16½	16.25

Rate of Wages per Week.

DAYS.	$4 Dols. Cts.	$4.25 Dols. Cts.	$4.50 Dols. Cts.	$4.75 Dols. Cts.
¼	.16½	.17¾	.18¾	.19¾
½	.33¼	.35½	.37½	.39½
¾	.50	.53	.56¼	.59¼
1	.66½	.70¾	.75	.79
1¼	.83¼	.88½	.93¾	.98¾
1½	1.	1.06¼	1.12½	1.18¾
1¾	1.16½	1.24	1.31¼	1.38½
2	1.33¼	1.41½	1.50	1.58¼
2¼	1.50	1.59¼	1.68¾	1.78
2½	1.66½	1.77	1.87½	1.98
2¾	1.83¼	1.94¾	2.06¼	2.17¾
3	2.	2.12½	2.25	2.37½
3¼	2.16½	2.30¼	2.43¾	2.57¼
3½	2.33¼	2.48	2.62½	2.77
3¾	2.50	2.65¾	2.81¼	2.96¾
4	2.66¾	2.83¼	3.	3.16½
4¼	2.83¼	3.01	3.18¾	3.36½
4½	3.	3.18¾	3.37½	3.56¼
4¾	3.16½	3.36½	3.56¼	3.76
5	3.33¼	3.54¼	3.75	3.95¾
5¼	3.50	3.72	3.93¾	4.15½
5½	3.66½	3.89½	4.12½	4.35½
5¾	3.83¼	4.07¼	4.31¼	4.55¼
6	4.	4.25	4.50	4.75
7	4.66½	4.95¾	5.25	5.54
8	5.33¼	5.66½	6.	6.33¼
9	6.	6.37½	6.75	7.12½
10	6.66½	7.08¼	7.50	7.91½
11	7.33¼	7.79	8.25	8.70¾
12	8.	8.05	9.	9.50
18	12.	13.75	13.50	13.25
24	16.	17.	18.	19.
26	17.33¼	18.41¾	19.50	20.58¼

Rate of Wages per Week.

DAYS.	$5 Dols. Cts.	$5.25 Dols. Cts.	$5.50 Dols. Cts.	$5.75 Dols. Cts.
¼	.20¾	.21¾	.23	.24
½	.41½	.43¾	.45¾	.48
¾	.62½	.65½	.68¾	.71¾
1	.83¼	.87½	.91½	.95¾
1¼	1.04	1.09¼	1.14½	1.19¾
1½	1.25	1.31¼	1.37½	1.43¾
1¾	1.45¾	1.53	1.60½	1.67¾
2	1.66½	1.75	1.83¼	1.91½
2¼	1.87½	1.96¾	2.06¼	2.15½
2½	2.08¼	2.18¾	2.29	2.39½
2¾	2.29	2.40½	2.52	2.63½
3	2.50	2.62½	2.75	2.87½
3¼	2.70¾	2.84¼	2.98	3.11½
3½	2.91¾	3.06¼	3.20¾	3.35½
3¾	3.12½	3.28	3.43¾	3.59¼
4	3.33¼	3.50	3.66½	3.83¼
4¼	3.54¼	3.71¾	3.89½	4.07¼
4½	3.75	3.93¾	4.12½	4.31¼
4¾	3.95¾	4.15½	4.35½	4.55¼
5	4.16½	4.37½	4.58¼	4.79
5¼	4.37½	4.59¼	4.81¼	5.03
5½	4.58¼	4.81¼	5.04	5.27
5¾	4.79	5.03	5.27	5.51
6	5.	5.25	5.50	5.75
7	5.83¼	6.12½	6.41½	6.70¾
8	6.66½	7.	7.33¼	7.66½
9	7.50	7.87½	8.25	8.62½
10	8.33¼	8.75	9.16½	9.58¼
11	9.16½	9.62½	10.08¼	10.54
12	10.	10.50	11.	11.50
18	15.	15.75	16.50	17.25
24	20.	21.	22.	23.
26	21.66½	22.75	23.83¼	24.91¾

Rate of Wages per Week.

DAYS.	$6	$6.50	$7	$7.50
	Dols. Cts	Dols. Cts.	Dols. Cts.	Dols. Cts.
$\frac{1}{4}$	.25	.27	.29	.31$\frac{1}{4}$
$\frac{1}{2}$	.50	.54	.58$\frac{1}{4}$	.62$\frac{1}{2}$
$\frac{3}{4}$	.75	.81$\frac{1}{4}$	.87$\frac{1}{2}$	.93$\frac{3}{4}$
1	1.	1.08$\frac{1}{4}$	1.16$\frac{1}{2}$	1 25
1$\frac{1}{4}$	1.25	1.35$\frac{1}{4}$	1.45$\frac{3}{4}$	1.56$\frac{1}{4}$
1$\frac{1}{2}$	1.50	1.62$\frac{1}{2}$	1.75	1.87$\frac{1}{2}$
1$\frac{3}{4}$	1.75	1.89$\frac{1}{2}$	2.04	2.18$\frac{3}{4}$
2	2.	2.16$\frac{2}{3}$	2.33$\frac{1}{4}$	2.50
2$\frac{1}{4}$	2.25	2.43$\frac{1}{2}$	2.62$\frac{1}{2}$	2.81$\frac{1}{4}$
2$\frac{1}{2}$	2.50	2.70$\frac{3}{4}$	2.91$\frac{1}{2}$	3.12$\frac{1}{2}$
2$\frac{3}{4}$	2.75	2.98	3.20$\frac{3}{4}$	3.43$\frac{3}{4}$
3	3.	3.25	3.50	3.75
3$\frac{1}{4}$	3.25	3.52	3.79	4.06$\frac{1}{4}$
3$\frac{1}{2}$	3.50	3.79	4.08$\frac{1}{4}$	4.37$\frac{1}{2}$
3$\frac{3}{4}$	3.75	4.06$\frac{1}{4}$	4.37$\frac{1}{2}$	4.68$\frac{3}{4}$
4	4.	4.33$\frac{1}{4}$	4.66$\frac{2}{3}$	5.
4$\frac{1}{4}$	4.25	4.60$\frac{1}{4}$	4.95$\frac{3}{4}$	5.31$\frac{1}{4}$
4$\frac{1}{2}$	4.50	4.87$\frac{1}{2}$	5.25	5.62$\frac{1}{2}$
4$\frac{3}{4}$	4.75	5.14$\frac{1}{2}$	5.54	5.93$\frac{3}{4}$
5	5.	5.41$\frac{2}{3}$	5.83$\frac{1}{4}$	6.25
5$\frac{1}{4}$	5.25	5.68$\frac{3}{4}$	6.12$\frac{1}{2}$	6.56$\frac{1}{4}$
5$\frac{1}{2}$	5.50	5.95$\frac{3}{4}$	6.41$\frac{1}{2}$	6.87$\frac{1}{2}$
5$\frac{3}{4}$	5.75	6.22$\frac{3}{4}$	6.70$\frac{3}{4}$	7.18$\frac{3}{4}$
6	6.	6.50	7.	7.50
7	7.	7.58$\frac{1}{4}$	8.16$\frac{1}{2}$	8.75
8	8.	8.66$\frac{1}{2}$	9.33$\frac{1}{4}$	10.
9	9.	9.75	10.50	11.25
10	10.	10.83$\frac{1}{4}$	11.66$\frac{1}{2}$	12.50
11	11.	11.91$\frac{1}{2}$	12.83$\frac{1}{4}$	13.75
12	12.	13.	14.	15.
18	18.	19.50	21.	22.50
24	24.	26.	28.	30.
26	26.	28.16$\frac{1}{2}$	30.33$\frac{1}{4}$	32.50

Rate of Wages per Week.

DAYS.	$8	$8.50	$9	$9.50
	Dols. Cts.	*Dols. Cts.*	*Dols. Cts.*	*Dols. Cts*
¼	.33¼	.35½	.37½	.39½
½	.66½	.70¾	.75	.79
¾	1.	1.06¼	1.12½	1.18¾
1	1.33¼	1.41½	1.50	1.58¼
1¼	1.66½	1.77	1.87½	1.98
1½	2.	2.12½	2.25	2.37½
1¾	2.33¼	2.48	2.62½	2.77
2	2.66½	2.83¼	3.	3.16½
2¼	3.	3.18¾	3.37½	3.56¼
2½	3.33¼	3.54¼	3.75	3.96
2¾	3.66½	3.89½	4.12½	4.35½
3	4.	4.25	4.50	4.75
3¼	4.33¼	4.60¼	4.87½	5.14½
3½	4.66½	4.95	5.25	5.54
3¾	5.	5.31¼	5.62½	5.93¾
4	5.33¼	5.66¾	6.	6.33¼
4¼	5.66½	6.02¼	6.37½	6.72¾
4½	6.	6.37½	6.75	7.12½
4¾	6.33¼	6.73	7.12½	7.52
5	6.66½	7.08¼	7.50	7.91½
5¼	7.	7.43¾	7.87½	8.31¼
5½	7.33¼	7.79¼	8.25	8.70¾
5¾	7.66½	8.14½	8.62½	9.10½
6	8.	8.50	9.	9.50
7	9.33¼	9.91½	10.50	11.08¼
8	10.66½	11.33¼	12.	12.66½
9	12.	12.75	13.50	14.25
10	13.33¼	14.16½	15.	15.83¼
11	14.66½	15.58¼	16.50	17.41½
12	16.	17.	18.	19.
18	24.	25.50	27.	28.50
24	32.	34.	36.	38.
26	34.66½	36.83¼	39.	41.16½

BOARD

BY THE WEEK.

TIME.	Rate	Rate	Rate	Rate	Rate
W. D.	$2.00	$2.25	$2.50	$3.00	$3.50
1	.29	.32	.36	.43	.50
2	.57	.64	.71	.86	1.
3	.86	.96	1.07	1.29	1.50
4	1.14	1.26	1.43	1.71	2.
5	1.43	1.61	1.79	2.14	2.50
6	1.71	1.93	2.14	2.57	3.
1.1	2.29	2.57	2.86	3.43	4.
1.2	2.57	2.89	3.21	3.86	4.50
1.3	2.86	3.21	3.57	4.29	5
1.4	3.14	3.54	3.93	4.71	5.50
1.5	3.43	3.86	4.29	5.14	6.
1.6	3.71	4.18	4.64	5.57	6.50
2.	4.	4.50	5.	6.	7.
2.1	4.29	4.82	5.36	6.43	7.50
2.2	4.57	5.14	5.71	6.86	8.
2.3	4.86	5.46	6.07	7.29	8.50
2.4	5.14	5.79	6.43	7.71	9.
2.5	5.43	6.11	6.79	8.14	9.50
2.6	5.71	6.43	7.14	8.57	10.
3.	6.	6.75	7.50	9.	10.50
3.1	6.29	7.07	7.86	9.43	11.
3.2	6.57	7.39	8.21	9.86	11.50
3.3	6.86	7.71	8.57	10.29	12.
3.4	7.14	8.04	8.93	10.71	12.50
3.5	7.43	8.36	9.29	11.14	13.
3.6	7.71	8.68	9.64	11.57	13.50
4.	8.	9.	10.	12.	14.

BOARD
BY THE WEEK.

TIME.	Rate	Rate	Rate	Rate	Rate
W. D.	$4.00	$4.50	$5.00	$5.50	$6.00
1	.57	.64	.71	.79	.86
2	1.14	1.29	1.43	1.57	1.71
3	1.71	1.93	2.14	2.36	2.57
4	2.29	2.57	2.86	3.14	3.43
5	2.86	3.21	3.57	3.93	4.29
6	3.48	3.86	4.29	4.71	5.14
1.1	4.57	5.14	5.71	6.29	6.86
1.2	5.14	5.79	6.43	7.07	7.71
1.3	5.71	6.43	7.14	7.86	8.57
1.4	6.29	7.07	7.86	8.64	9.43
1.5	6.86	7.71	8.57	9.43	10.29
1.6	7.43	8.36	9.29	10.21	11.14
2.	8.	9.	10.	11.	12.
2.1	8.57	9.64	10.71	11.79	12.86
2.2	9.14	10.29	11.43	12.57	13.71
2.3	9.71	10.93	12.14	13.36	14.57
2.4	10.29	11.67	12.86	14.14	15.43
2.5	10.86	12.21	13.57	14.93	16.29
2.6	11.43	12.86	14.29	15.71	17.14
3.	12.	13.50	15.	16.50	18.
3.1	12.57	14.14	15.71	17.29	18.86
3.2	13.14	14.79	16.43	18.07	19.71
3.3	13.71	15.43	17.14	18.86	20.57
3.4	14.29	16.07	17.86	19.64	21.43
3.5	14.86	16.71	18.57	20.43	22.29
3.6	15.43	17.36	19.29	21.21	23.14
4.	16.	18.	20.	22.	24.

TABLE OF INTEREST,

Per day, at 6 per cent. on any number of Dollars, from One to Twelve Thousand.

Princip.	Interest.	Princip.	Interest.	Princip.	Interest.	Princip.	Interest.	
D.	M.	D.	M.	D.	D.	M.	D.	D. C. M
1	16	31	510	61	1.	3	91	. 1.496
2	33	32	526	62	1.	19	92	. 1.512
3	49	33	542	63	1.	36	93	. 1.529
4	66	34	559	64	1.	52	94	. 1.545
5	82	35	575	65	1.	68	95	. 1.562
6	99	36	592	66	1.	85	96	. 1.578
7	115	37	608	67	1.101		97	. 1.595
8	132	38	625	68	1.118		98	. 1.611
9	148	39	641	69	1.134		99	. 1.627
10	164	40	658	70	1.151		100	. 1.644
11	181	41	674	71	1.167		200	. 3.288
12	197	42	690	72	1.184		300	. 4.932
13	214	43	707	73	1.200		400	. 6.575
14	230	44	723	74	1.216		500	. 8.219
15	247	45	740	75	1.233		600	. 9.863
16	263	46	756	76	1.249		700	.11.507
17	279	47	773	77	1.266		800	.13.151
18	296	48	789	78	1.282		900	.14.795
19	312	49	808	79	1.299		1000	16.438
20	329	50	822	80	1.315		2000	32.877
21	345	51	838	81	1.332		3000	.49.815
22	362	52	855	82	1.348		4000	.65.753
23	378	53	871	83	1.364		5000	.82.192
24	395	54	888	84	1.381		6000	.98.630
25	411	55	904	85	1.397		7000	1.15.058
26	427	56	921	86	1.414		8000	1.31.507
27	444	57	937	87	1.430		9000	1.47.945
28	460	58	953	88	1.447		10000	1.64.384
29	477	59	970	89	1.463		11000	1.80.822
30	493	60	986	90	1.479		12000	1.97.260

A TABLE,

Showing the number of days from any day in one month, to the same day in any other month. Very useful in Banking Business.

From / to	Jan.	Feb.	Mar.	Apr.	May.	Jun.	July.	Aug.	Sep.	Oct.	Nov.	Dec.
Jan.	365	31	59	90	120	151	181	212	243	273	304	334
Feb.	334	365	28	59	89	120	150	181	212	242	273	303
Mar.	306	337	365	31	61	92	122	153	184	214	245	275
April.	275	306	334	365	30	61	91	122	153	183	214	244
May.	245	276	304	335	365	31	61	92	123	153	184	214
June.	214	245	273	304	334	365	30	61	92	122	153	183
July.	184	215	243	274	304	335	365	31	62	92	123	153
Aug.	153	184	212	243	273	304	334	365	31	61	92	122
Sept.	122	153	181	212	242	273	303	334	365	30	61	91
Oct.	92	123	151	182	212	243	273	304	335	365	31	61
Nov.	61	92	120	151	181	212	242	273	304	334	365	30
Dec.	31	62	90	121	151	182	212	243	274	304	335	365

Example.—Look for April at the left hand, and September at the top—in the angle is 153.

AN EASY METHOD
Of calculating Interest for any number of days.

RULE.

Multiply the sum by the number of days, and divide the product by 60; the quotient will be the interest in cents.

EXAMPLE:

What is the interest of 330 dollars for 16 days at 6 per cent.?

```
              330 dollars.
Multiplied by  16   the number of days.
              ____
              1980
              330
              ____
Divided by 60)5280  (88 cents interest.
              480
              ____
              480
              480
```

To calculate Interest for any number of months.

RULE.

Multiply the sum by half the number of months; the amount will be the interest in cents.

EXAMPLE:

What is the interest of 498 dollars for 6 months, at 6 per cent.?

```
     498 dollars.
       3 half the number of months.
     ____
    1494 cents, or $14:94.
```

WEIGHTS, MEASURES, &c.

Avoirdupois Weight.

By this are weighed things of a coarse or drossy character, and all metals except silver and gold.

16 drams	make 1 ounce.
16 ounces	make 1 pound.
25 pounds	make 1 quarter of 100 lbs.
28 pounds	make 1 quarter of cwt.
4 quarters	make 1 hundred weight.
20 hundred weight	make 1 ton.

Troy Weight.

Gold, silver, jewels, and liquors, are weighed by troy weight. (175 pounds troy, are equal to 144 pounds avoirdupois.)

24 grains	make 1 pennyweight
20 pennyweights	make 1 ounce.
12 ounces	make 1 pound.

Apothecaries' Weight.

By this weight apothecaries mix their medicines, but buy and sell by avoirdupois weight.

20 grains (gr.)	make 1 scruple,	Ɖ.
3 scruples	make 1 dram,	ʒ.
8 drams (drachms)	make 1 ounce,	ʒ.
12 ounces	make 1 pound.	lb.

Note.—The pound and ounce apothecaries' weight, and the pound and ounce troy, are the same, only differently divided and subdivided.

Cloth Measure.

By this measure, cloths, tapes, &c., are measured.

$2\frac{1}{4}$	inches	make 1 nail.
4	nails	make 1 quarter-yard.
4	quarters	make 1 yard.
3	quarters	make 1 ell Flemish.
5	quarters	make 1 ell English.
6	quarters	make 1 ell French.

Long Measure.

This is used for measuring length only.

3	barley-corns	make 1 inch.
12	inches	make 1 foot.
3	feet	make 1 yard.
6	feet	make 1 fathom.
$5\frac{1}{2}$	yards ($16\frac{1}{2}$ ft.)	make 1 rod or pole.
40	rods	make 1 furlong.
8	furlongs	make 1 mile.
3	miles	make 1 league.
$69\frac{1}{2}$	miles (nearly)	make 1 degree.
360	degrees	make 1 circle of the earth.

Dry Measure.

Used for measuring corn, fruit, salt, coal, &c.

2	pints	make 1 quart.
4	quarts	make 1 gallon.
2	gallons	make 1 peck.
8	quarts	
4	pecks	make 1 bushel.
36	bushels	make 1 chaldron.

Land or Square Measure.

Used for measuring land, or length and breadth.

144	square inches	make 1 square foot.
9	square feet	make 1 square yard.
$30\frac{1}{4}$	square yards	make 1 square rod.
$272\frac{1}{4}$	square feet	make 1 square rod.
40	square rods	make 1 rood.
640	acres (1 section)	make 1 square mile.

Solid or Cubic Measure.

Used for finding the capacity of boxes, rooms, &c.

1728 solid inches	make 1 solid foot.
27 feet (for stone)	make 1 yard.
40 feet round } 50 feet hewn }	timber make 1 ton.
42 solid feet	make 1 ton of shipping.
128 feet	make 1 cord of wood.
8 feet in length, 4 feet in breadth, & 4 feet in height,	make 1 cord.
16½ solid feet	make 1 solid perch.

Wine or Liquid Measure.

Used for measuring liquors.

4 gills	make 1 pint.
2 pints	make 1 quart.
4 quarts	make 1 gallon.
31½ gallons	make 1 barrel.
42 gallons	make 1 tierce.
63 gallons	make 1 hogshead.
2 tierces	make 1 puncheon.
2 hogsheads	make 1 pipe or butt.
2 pipes	make 1 tun.

Distance Measure.

Use by surveyors in measuring distances.

7.92 inches	make 1 link.
25 links	make 1 rod.
4 rods	make 1 chain.
10 chains	make 1 furlong.
1 square chain	make 16 square poles.
8 furlongs	make 1 mile.
80 chains (320 rods)	make 1 mile.
10 square chains	make 1 acre.

FORM OF A COMMON NEGOTIABLE NOTE.

$900.00

Philadelphia, Jan. 1, 1858.

Sixty days after date, I promise to pay to the order of Hugh Hammill, nine hundred dollars, without defalcation, for value received.

JOHN O'NEIL.

NOTE WITH SECURITY.

$250.00

Philadelphia, Jan. 1, 1858.

W or either of us, promise to pay John Butler, or order, two hundred and fifty dollars, on the ninth day of June, one thousand eight hundred and thirty nine, for value received, without defalcation. Witness our hands this   day of March, one thousand eight hundred and thirty-nine.

PATRICK TOY.
JAMES NEILESS.

$1000.00

Philadelphia, Jan. 1, 1858.

Thirty days after sight, pay to John O'Neil, or order, this my first bill of exchange, for one thousand dollars, second and third of same tenor and date not being paid, without further advice from

Your humble servant,

JOHN WOODS.

To John Mullon, Esq., New York.

PROMISSORY NOTE.

$250.00

Philadelphia, Jan. 1, 1858.

Nine months after date, I promise to pay to Patrick Kelly, or order, the sum of two hundred and fifty dollars, for value received, without defalcation. Witness my hand this second day of March, one thousand eight hundred and thirty-nine.

HUGH HAMMILL.

No witness required.

I promise to pay John Conley, or order, the sum of three hundred dollars, on demand with interest till paid, for value received, without defalcation. Witness my hand, this first day of May, one thousand eight hundred and thirty-nine.

FRANCIS J. CONWAY.

JUDGMENT NOTE.

I promise to pay John Kelly, or order, five thousand dollars, on the sixth day of May, one thousand eight hundred and thirty-nine, with lawful interest for the same, without defalcation, for value received; and further, I do hereby empower any Attorney of the Court of Common Pleas of Juniata county, or any other Court of Records in Pennsylvania, to confess Judgment for the above sum and cost, with release of errors, &c. Witness my hand and seal this third day of March, one thousand eight hundred and thirty-nine.

HENRY M'GRATH, L. S.

Sealed and delivered in presence of

The principal difference between a Sealed Note and one without a Seal, is, that the former must be first paid in the settlement of a decedent's estate, and is not barred by the Statute of Limitation.

$750.00

Philadelphia, Jan. 1, 1858.

Six months after date, pay to the order of James Gillespie seven hundred and fifty dollars, for value received, and place the same to my account.

FRANCIS C. GALLAGHER.

To Mr. THOMAS RICE,
  Merchant,
  Baltimore.

Accepted,
  THOMAS RICE.

BILL OF LADING.

SHIPPED, in good order, and well conditioned, by Patrick Kelly, on board the
called the   whereof
is Master, now lying in the port of   , and bound for
to say
being marked and numbered, as in the margin, and are to be delivered in the like
order and condition, at the port of   the dangers of the Seas only
excepted, unto   or to   assigns
paying freight for the said
with   primage and average accustomed.
In witness whereof, the Master or Mate of the said vessel hath affirmed to
bills of lading, all of this tenor and date, one of which being accomplished, the
others to stand void, dated in
the   day of   183 .

Form of a Bill of Goods.

Philadelphia, January 1, 1858.

Messrs. JOHN SMITH & Co.

BOUGHT OF GEORGE McDOWELL & CO.

1 Rotteck's History of the World, 1 vol.,	$3 50
1 Frost's History of America, 2 vols.,	4 00
1 Platt's Book of Ten Thousand Curiosities,	2 50
1 Fleetwood's Life of Christ, 8vo.,	2 50
1 Doz. Copy Books,	50
	$13 00

Received Payment,

GEORGE McDOWELL & CO.

FORM OF A COMMON RECEIPT.

Received, Philadelphia, January 1, 1858, of Mr. John Smith, Eighty-six $\frac{23}{100}$ Dollars in full of all demands to date.

$86 $\frac{23}{100}$

George McDowell & Co.

FORM OF A RECEIPT FOR PARTIAL PAYMENT.

Received, Philadelphia, January 1, 1858, of Mr. John Smith, Fifty Dollars on account.

$50

George McDowell & Co.

SIR, being in possession of a certain house and lot of ground, with the appurtenances belonging to me, situate in the Borough of Berwick, which was demised to you, by me, for the term of ten years, which said term will expire and terminate on the first day of May, I hereby notify you, that it is my desire to have again, and repossess the said premises, and I do hereby demand and require you to leave the same. Witness my hand, this first day of February, 1850.

EDWARD KENNEDY.

Mr. BERNARD DONOGHOE.

To the Honourable the Judges of the Court of Common Pleas of Berks County, now composing a Court of Quarter Session of the in and for said County.

The petition of divers inhabitants of the township of in said County, humbly showeth, that your petitioners labour under great inconveniences for want of a road or highway, to lead from to your petitioners, therefore, humbly pray the Court to appoint proper persons to view and lay out the same according to Law.

And they will pray, &c.

PETITION FOR REVIEW OF A ROAD.

To the Honourable the Judges of the Court of Common Pleas, in the County of Mifflin, now composing a Court of Quarter Sessions of the peace in and for said County.

The petition of divers inhabitants of the township of ———— in said County, humbly showeth, that a road has been lately laid out by order of the Court from ———— &c. which road if confirmed by the Court, will be very injurious to your petitioners, and burthensome to the inhabitants of the township, through which the same runs. Your petitioners, therefore, pray your honours to appoint proper persons to review thé said road and parts adjacent, and make report to the Court according to Law.

And they will pray, &c.

To the Honourable the Judges within named, we the persons appointed to review the road within mentioned, and parts adjacent, do report, that in pursuance of the said order, we did review the same, and have laid out for public use, the following road to wit: beginning, &c. [or, after same, say,] and in our opinion, there is no occasion for such a road. Witness our hands, &c.

To the Honourable, &c. the petition of, &c. humbly showeth that a road has been long since laid out, from, &c. which road your petitioners humbly conceive, is now become useless, inconvenient and burthensome to the inhabitants thereabouts. Your petitioners, therefore humbly pray your honours that the said road may be vacated, agreeably to the act of the General Assembly, in such case made and provided.

And they will pray, &c.

REPORT.

To the Honourable the Judges within named. We the subscribers, appointed by the within order of Court, to view the road within mentioned, do report: That in pursuance of the said order, we have viewed the said road, and that the same is in our opinion useless, inconvenient and burthensome, [or that in our opinion, there is no cause for vacating the same.]
Witness our hands, &c.

Messrs. WRAY & ALEXANDER:

Gentlemen,

Allow me to introduce to your firm the bearer, Hugh M'Nally, a gentleman about commencing business. Should he make a selection from your stock to the amount of five hundred dollars, I will be answerable for that sum, in case of his non-payment.

With esteem, yours,

ROBERT WATERS.

CLAIM TO BE FILED BY LIEN CREDITORS IN THE PROTHONOTARY'S OFFICE.

Michael Conway, of the Borough of ———— in the County of ———— and State of Pennsylvania, Brick Maker, files his claim for two hundred and seventy dollars, against a certain house and lot of ground, belonging to John O'Neil, situated on the East side of Main Street, No. 112, in the plan of said Borough, containing in front on the Main Street, sixty feet, and in depth ninety feet, bounded on the West by the said Main Street, on the North by ground of John Kelly, on the South by ground of Thomas Rice, for that sum due him, for Brick and other materials furnished by him, in erecting the aforesaid house in March, 1839.

MICHAEL CONWAY.

August 2d, 1839.

☞ The above form will answer for any claim whatever, Brick Makers, Lumber Merchants, Lime Merchants, Stone Cutters, Masons, Painters, &c., Glaziers, Carpenters, Iron Mongers, and others employed in erecting a house or other buildings, or in furnishing materials for the same, substituting the real names of the parties, descriptions, and the kind of work or materials, &c., in place of those printed above.

LEASE OF A FARM.

This indenture, made first day of March, in the year of our Lord one thousand eight hundred and thirty-nine, between James Kelly, of the township of   in the County of   and State of   of the one part, and Patrick Conley, of   township, in the County of   of the other part, witnesseth that the said James Kelly, for and in consideration of the yearly rents and covenants hereinafter mentioned, and reserved on the part and behalf of the said James Kelly, his heirs, executors and administrators, to be paid, kept, and performed, hath demised, set, and to farm let, and by these presents doth demise, set and to farm let, unto the said Patrick Conley, his heirs and assigns, all that certain messuage or tenement, tract, piece, or parcel of land, situate in the township of   aforesaid adjoining lands, A. D. F. H. and others, now in the tenure of H. G. containing two hundred and forty acres, together with all and singular the buildings, improvements, and other the premises, hereby demised with the appurtenances, to have and to hold the same unto the said Patrick Conley, his heirs, executors and assigns, from the   March next, for and during the term of five years, thence next ensuing, and fully to be complete, and ended, yielding and paying for the same, unto the said James Kelly, his heirs and assigns, the yearly rent, or sum of   dollars, on the first day of March, in each and every year, during the term aforesaid, and at the expiration of said term, or sooner if determined upon, he the said Patrick Conley, his heirs and assigns, shall and will quietly and peaceably surrender and yield up the said demised premises, with the appurtenances, unto the said James Kelly, his heirs and assigns, in as good order and repair, as the same now are, reasonable wear, tear, and casualties, which may happen by fire, or otherwise, only excepted. In witness whereof, the said parties have hereunto set their hands and seals the day and year above written.

JAMES KELLY.
PATRICK CONLEY.

Sealed and delivered in presence of

ASSIGNMENT OF A LEASE.

Know all men by these presents, that I John Martin, the lessee within named, for and in consideration of two hundred dollars, to me in hand paid, by George Carpenter, at or before the ensealing and delivery hereof, the receipt whereof, I do hereby acknowledge, have granted, assigned and set over, and by these presents, do grant, assign and set over to George Carpenter, his heirs and assigns, the within indenture of lease, together with all and singular the premises hereby demised, with the appurtenances, to have and to hold the same unto the said George Carpenter, his heirs and assigns, for the residue of the term within mentioned, under the yearly rents and covenants within reserved and contained, on my part to be done, kept and performed. Witness my hand and seal, the first day of March, one thousand eight hundred and thirty-nine.

JOHN MARTIN, [L. S.]

Sealed and delivered in presence of

GOLD COINS.

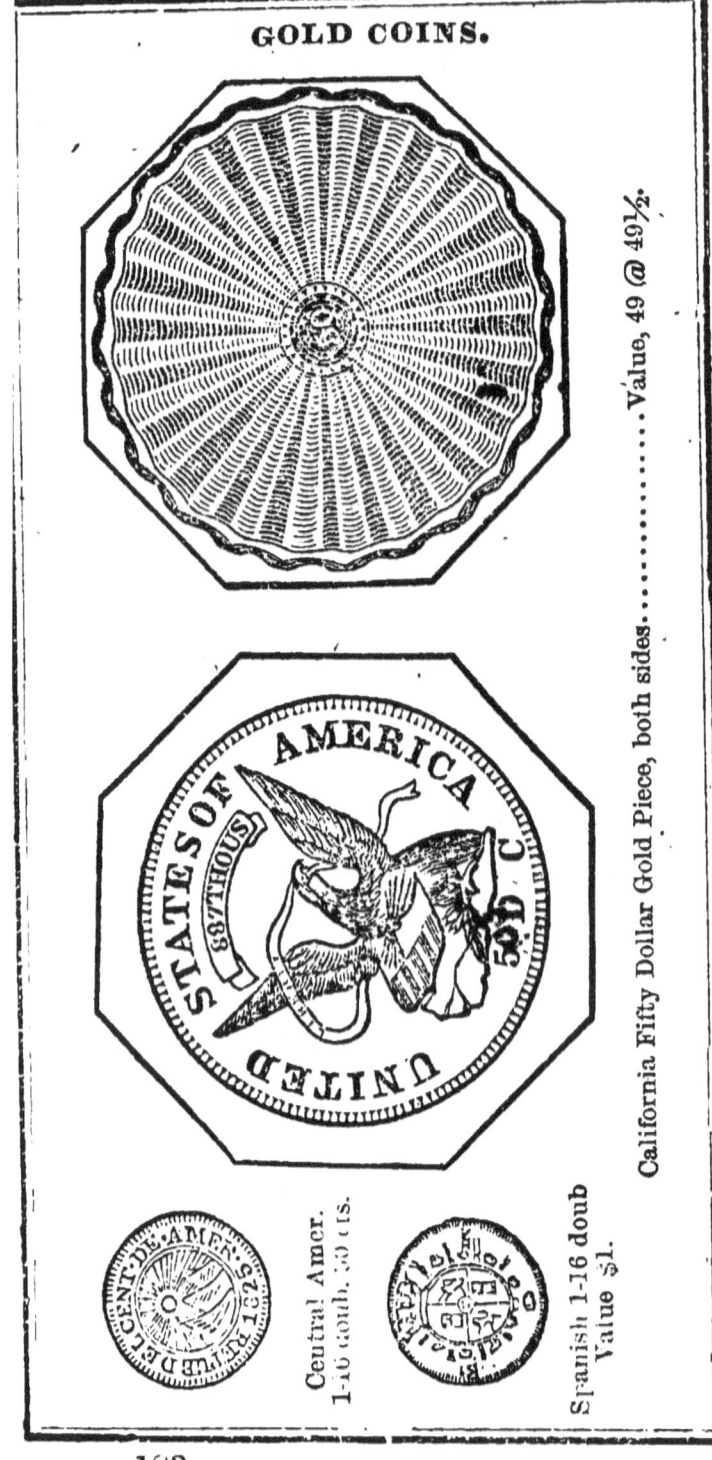

GOLD COINS.

Doubloon.—$15,75.
Central Am.

Doubloon.—$15,75.
Argentine Confed.

Double Louisd'or.—$9,00.
French.

GOLD COINS.

Old Doubloon of Chili.—$15,55.

U. S. Eagle.—$10,50.

U. S. Eagle, 1797 to 1804—$10,00.

GOLD COINS.

½ Sov. (Brit.) $2,40.

U. S.—Five Dollars.

Five Sovereign Gold Piece.—Both sides.—Value, about $24,25.

GOLD COINS.

93 cts.—N. Car. — A. Bechtler 1 Dol.

Old Cruzado (Por.) 50 cts.

Doubloon of Chili.—$15,75. — REPUBLICA DE CHILE 1836.

Five Sovereign Piece (Eng.) $24,25. — REX FID: DEF: BRITANNIARUM.

GOLD COINS.

5 Guilders.—$2.

$2,37.

Doubloon (Peru.)—$15,55.

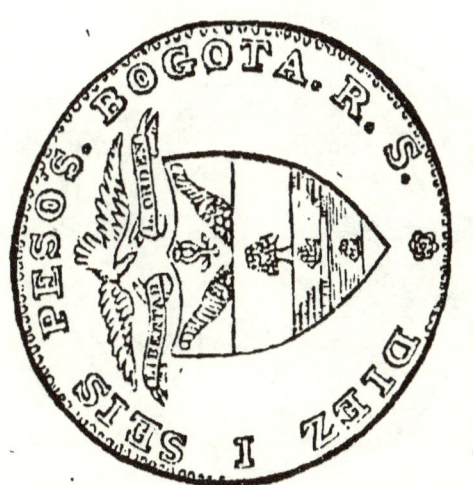

Doubloon of N. Granada.—$15,55.

GOLD COINS.

Ducat (Ger.) $2,20.

½ Sov.(Brit.) $2,40.

Doubloon of Mexico $15,55.

Doubloon of Columbia, $15,55.

GOLD COINS.

1 Sov. (Brit.) $2,40. Ducat. (Ger.) $2,20.

Doubloon of Bolivia.—$15,55.

Doubloon (Spanish)—Value, $16,00.

GOLD COINS.

Six Francs (French) $1,12.

50 cents (Portugal.)

100 Lire (Sardinia.) $19,15.

Doubloon (Mex.)—$15,55.

GOLD COINS.

Pistole. $3,90.	Eng. Sovereign. $4,83.
¼ Doubloon. $3,80.	Eng. Sovereign. $4,83.
½ Doubloon. $3,60.	20 Francs. $3,82
4th Doubloon. $3,80.	U. S. ½ Eagle. $5.00.

GOLD COINS.

½ Doub. (S.A.) $7,75.

¼ Doub. (S.A.) 3,75.

N. C. Value, $4,74.

½ Doub. of Ecuador, $7,75.

10 Thalers (Ger.) $7,80.

½ Imp. (Rus.) $3,85.

GOLD COINS.

U. S. ½ Eagle. $5,25.

U. S. ½ Eagle. $5,25.

¼ Doub. (C.A.) $3,80.

10 Guilders. $3,98.

Eng. Guinea. $5,00.

¼ Doub. (C.A.) $3,80.

GOLD COINS.

40 Franks (Fr.) $7,65.

U. S. ½ Eagle, $5,25.

40 Franks. $7,65.

Doub. Napoleon. $7,65.

U. S. Eagle $10.

Eng. Guinea. $5,00.

GOLD COINS.

 (N.C.) $2.37.

 16th Doub. 90c.

 16th Doub. (C.A.) 90c.

 Dollar—both sides.

 Eng. 3d of G. $,65.

 8th Doub. $1.87.

 5 Thal. (Ger.) $3.90.

 2½ Thal. (Ger.) $1.94.

 U. S. ¼ Eagle, $2.65.

GOLD COINS.

GOLD COINS.

Twenty Dollar Gold Piece.------Both sides.

Ducat (Ger.) $2.20.

Eng. ½ Guinea. $2.50.

SILVER COINS.

Rix Dollar. (Ger.)—Value, 94c.

Rix Dollar (Holland)—93 cents.

½ Real.—6 cts.

5 cents.

SILVER COINS.

3½ Guilders, or 2 Thalers. (Ger.)—$1.33.

960 Reis. (Brazil.)—93 cents.

¼ Guild.—6 cts.

1¼ cent. (Ger.)

SILVER COINS.

½ Dollar.—23 cents.

½ Rix Dollar (Den.)—50 cts.

16 Skillings (Nor.)—10 cts.

¼ Real. (Mex.) 3c.

¼ Real. (Mex.) 3c.

SILVER COINS.

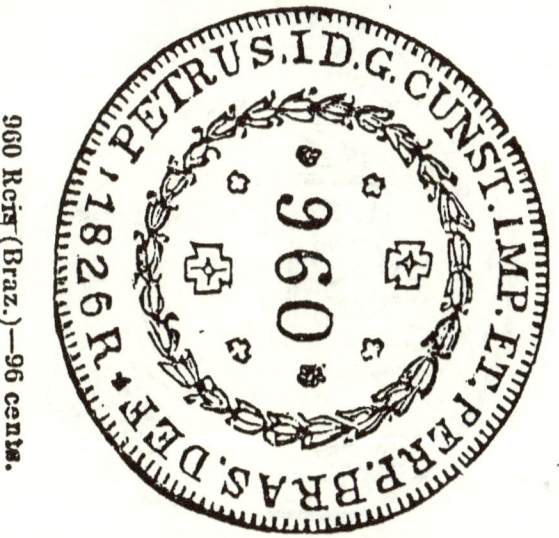

960 Reis (Braz.)—96 cents.

1200 Reis (Braz.)—$1.

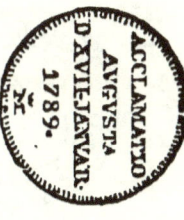

6 cents.

5 cents.

SILVER COINS.

Rix Dollar.—93 cents.

Silver Lion.—$1,20.

5 kopecks. 3 cts. (Mex.)

½ Real.— 6 cts. (Mex.)

SILVER COINS.

1200 Reis (Braz.)—$1.

Convention Thaler (Ger.)—93 cents.

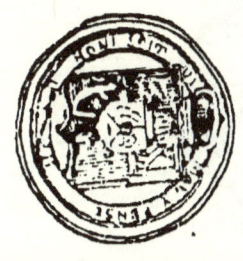

Sixpence, (Eng.) 11c.

1 dime.—10 cts.

SILVER COINS.

10 cents—(Ger.)

22 cents—(Ger.)

7 cents—(Ger.)

2 cents.

4 cents—(Den.)

25 cents.

3 cents.

⅛ Real. 6 cts.

¾ of a ct. (Ger.)

SILVER COINS.

30 Stivers (Hol.)—60 cents

6 cents.

10 cents—(Den.)

SILVER COINS.

Specie Thaler..................(Ger.)............93 cents.

¼ Franc. 4 cts.

¼ Pist. 5 cents.

SILVER COINS.

30 Stivers (Hol.)—60 cents.

Rix Dollar (Ger.)—93 cents.

24 cents. (Turk.)

5 centimes, 1 ct (French.)

SILVER COINS.

Dollar (Denmark.)—$1,00

5 Livres.—93 cents.

5 cents.   5 cents.

SILVER COINS.

Swiss Crown.—$1,06.

Five Livres (Italy.)—93 cents.

1 cent.

(Den.) 8 cents.

SILVER COINS.

Russian Rouble.—70 cents.

Spanish Dollar.—$1,00.

6 cents.

6 cents.

SILVER COINS.

English Crown.—$1,10.

Five Shilling Token.—98 cents.

½ dime.—5c.

4 cents.

SILVER COINS.

Three Guilders (Bel.)—$1,10.

Ten Pauls (Tuscany.)—97 cents.

3 cents.

1 cent. (Ger.)

SILVER COINS.

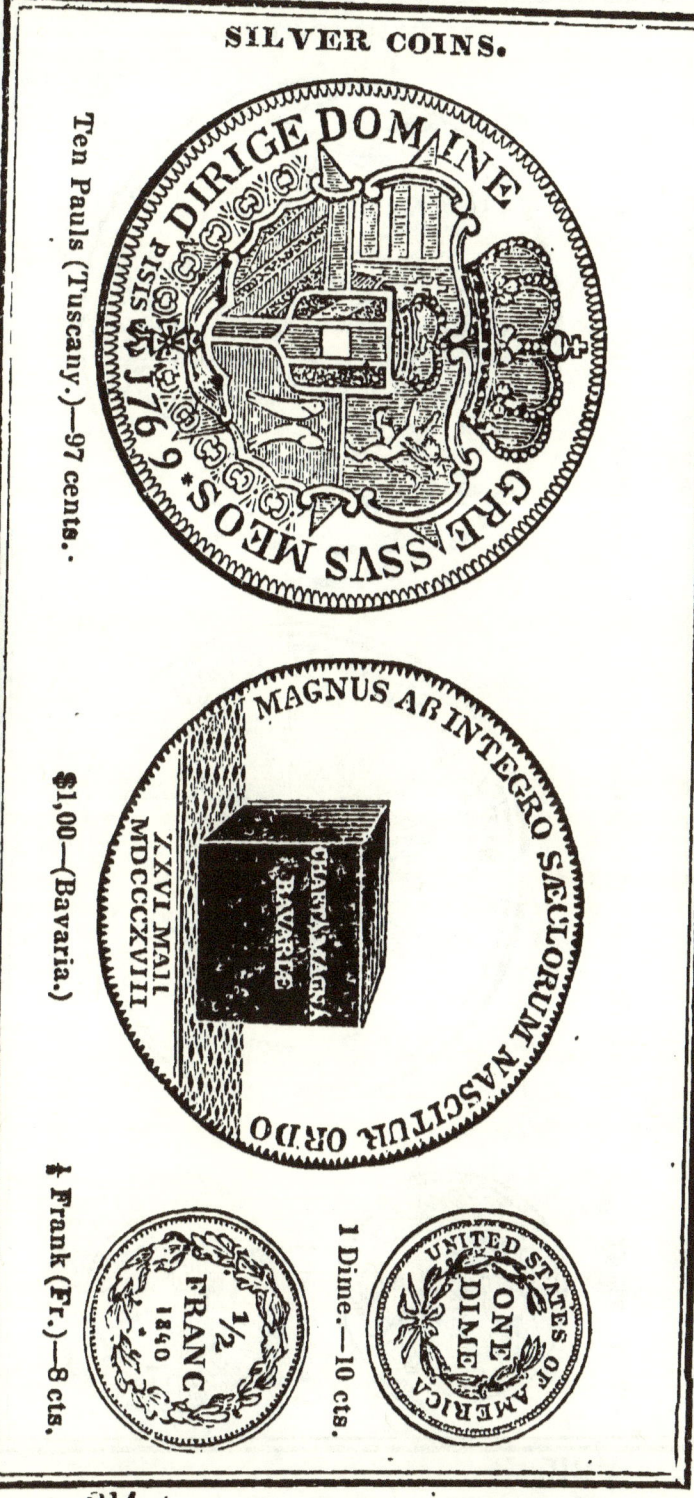

SILVER COINS.

Russian Rouble.—75 cents.

Peruvian Dollar.—$1,00

11 cts. (Eng.) 6 cts. (Isle of W't.)

SILVER COINS.

Mexican Dollar.—$1,00.

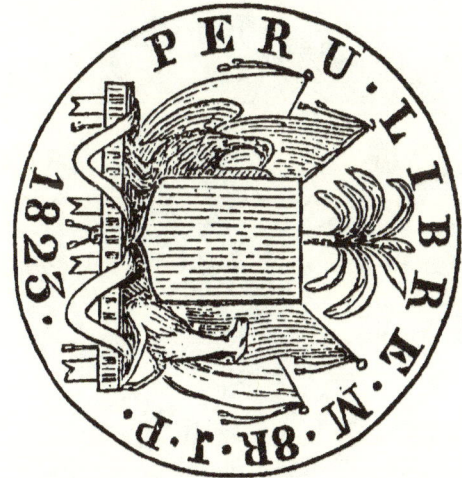

Early Dollar of Peru.—$1,00.

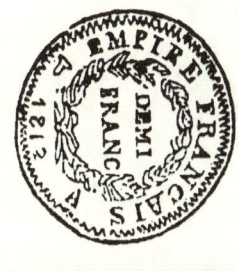

Fran (Fr.) 8 cts.

2 cts. (Ger.)

SILVER COINS.

Scudo (Naples.)—93 cts.

Thaler, or Rix Dollar (Ger.)—65 cts.

½ Franc (Fr.)—8c.

¼ Franc (Fr.)—4c.

SILVER COINS.

French Crown.—$1,06.

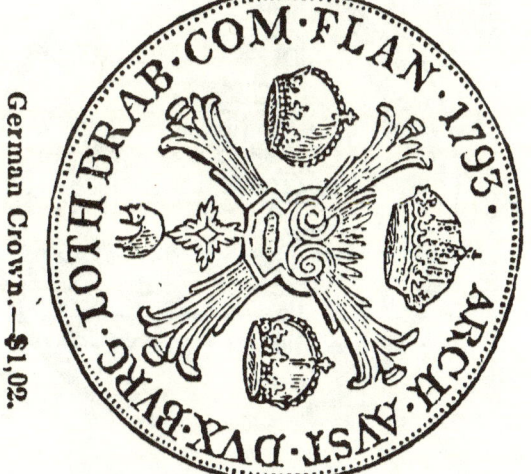

German Crown.—$1,02.

4 cts.—Fr.

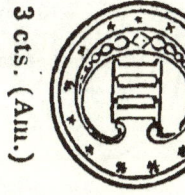

3 cts. (Am.)

SILVER COINS.

Spanish Dollar............both sides.........Value, 101 cts.

6 cts. (Spa.)

¼ Livre.—8 cts.

SILVER COINS.

Old Base Dollar of Colombia.—75c

3¼ Guilders, or 2 Thalers (Ger.)—$1.33.

7 cts. (Eng.)

16th Doub. (Sp.) Gold—95 cts.

SILVER COINS.

Dollar of Central America.—100 cts.

Base Dollar.—65 cents.

6¼ cts. (Mex.) ¼ Pis. (Spa.) 4 cts.

SILVER COINS.

Five Franc Piece.—95 cts.

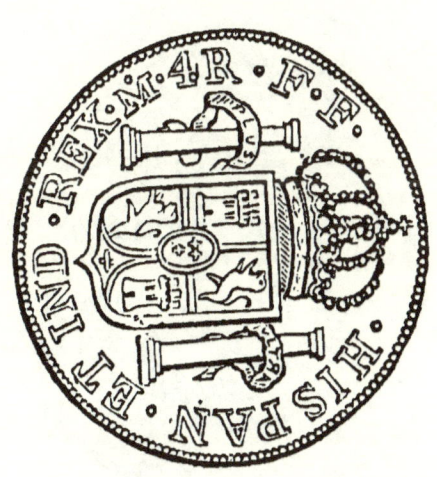

Spanish half Dollar.—50 cts.

1 ct. (Ger:)

4 cts. (Italy.)

SILVER COINS.

Crown of Bavaria.—$1,02.

2 Thalers, or 2½ Guilders (Ger.)—$1,32.

Not bought.

Carlin (It.)—7c.

SILVER COINS.

Dollar of Peru.—100 cts.

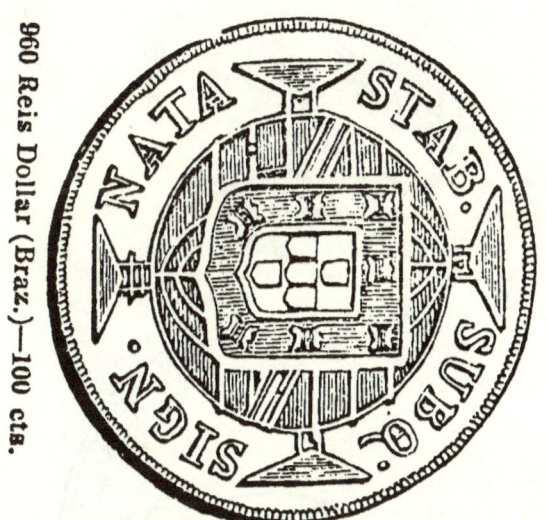

960 Reis Dollar (Braz.)—100 cts.

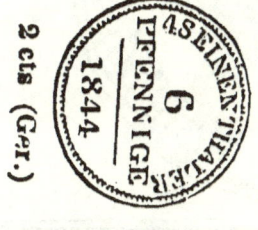

2 cts (Ger.)

¼ Lira.—4 cts.

SILVER COINS.

Florin (Ger.)—40 cents.

Pistareen (Spa.)—16 cts.

$1,00 (Ger.)

SILVER COINS.

⅔ Specie Dollar (Den).—65 cts.

23 cts. (S. A.)

5 Francs (Fr.)—93 cts.

SILVER COINS.

Crusado (Braz.)—50 cts.

¼ Gulden (Bel.) 9 cts

Rix Dollar (Den.)—$1.01.

SILVER COINS.

One Dollar.—72 cents.

Eng. Shilling.—22 cts.

1 Rouble (Rus.)—70 cts.

SILVER COINS.

1 Rupee—42 cts.

Eng. Shilling.—23 cts.

½ Dollar (Bol.)—35 cts.

SILVER COINS.

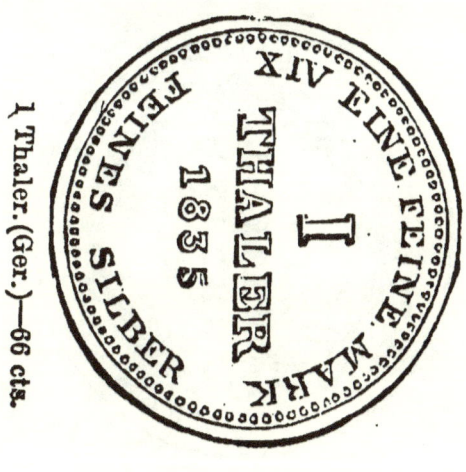

1 Thaler. (Ger.)—66 cts.

50 cents.

24 Groschen.—44 cts.

SILVER COINS.

Rix Dollar (Ger.)—65 cts.

1 Guilder (Bel.)—36 cts.

German ½ Crown.—50 cts.

SILVER COINS.

Coin of the French Republic..................95 cents.

¼ Real.—3 cts.

cents.

4 Reals.—20 cents.   Cross Pistareen.—16c.

Pistareen.—16 cts.   Two Reals.—20 cts.

⅓ of a Thaler.—22 cts.   Pistareen —16 cts.

SILVER COINS.

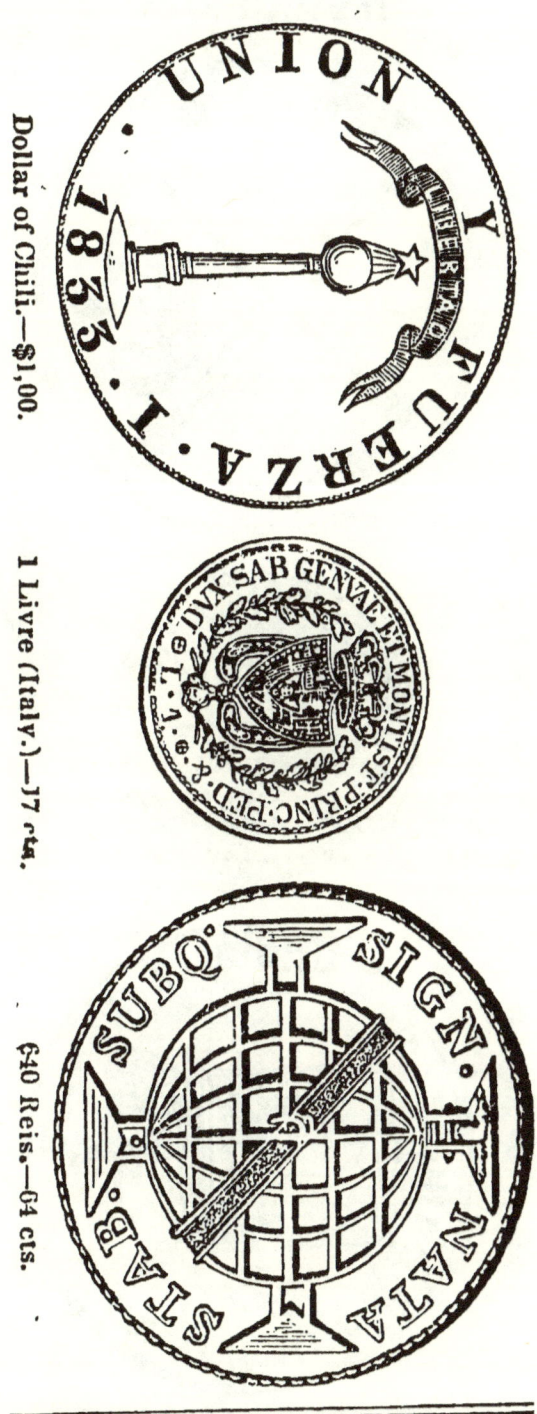

Dollar of Chili.—$1,00.

1 Livre (Italy.)—17 cts.

640 Reis.—64 cts.

SILVER COINS.

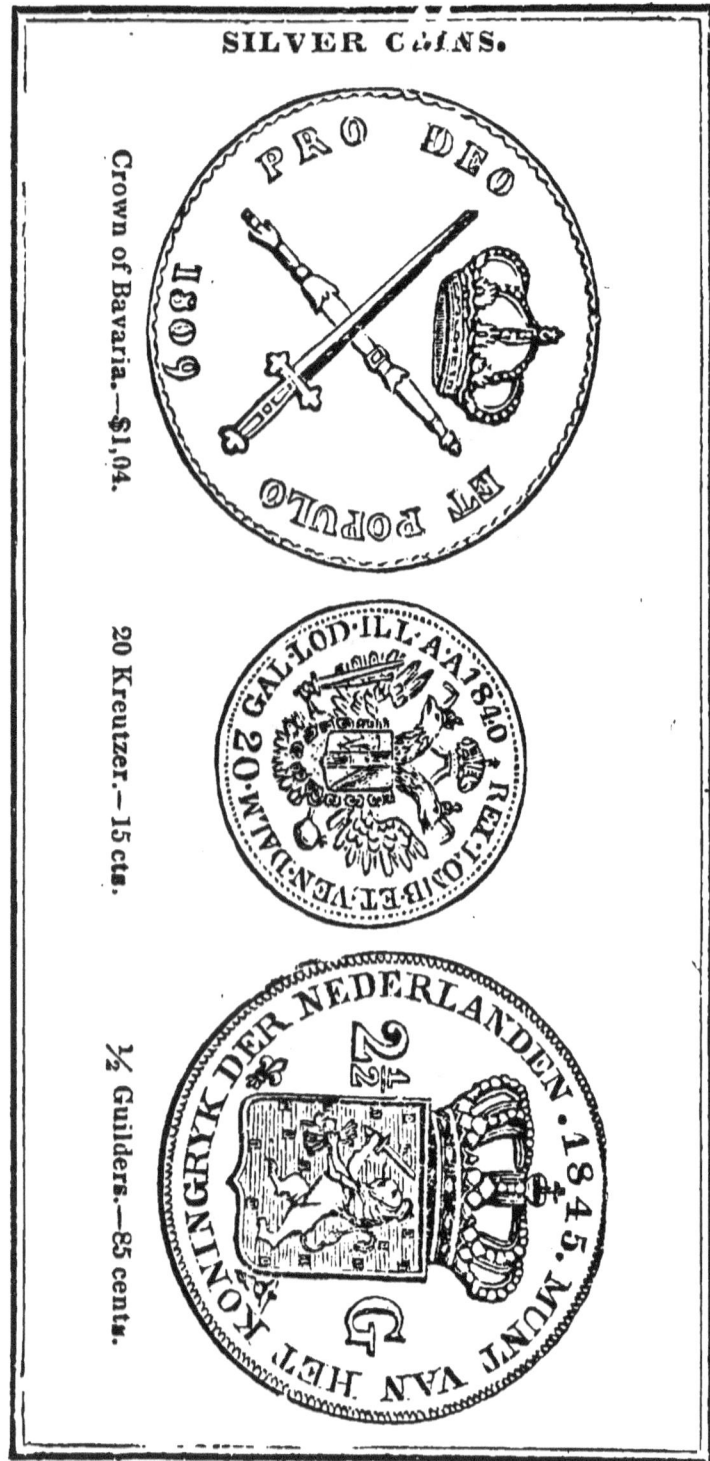

Crown of Bavaria.—$1,04.

20 Kreutzer.—15 cts.

½ Guilders.—85 cents.

SILVER COINS.

5 Franks.—95 cents.

⅓ of a Thaler.—20 cents.

3 Guilders (Dem'a.)—80 cents.

SILVER COINS.

One Dollar.

Peruvian ½ Dollar.—35 cts.

½ Crown (Sp.)—45 cts.

SILVER COINS.

1 Thaler.—66 cents.

Florin.—44 cents.

Eng. ½ Crown.—54 cents.

SILVER COINS.

Rix Dollar (Den.)—$1,00.

¼ Crown (Ger.)—25 cents.

English ½ Crown.—55 cts.

SILVER COINS.

Thaler (Ger.)—66 cents.

½ Dollar of Bolivia.—35 cts.

U. S. ½ Dollar of 1705.—50 cts.

www.ingramcontent.com/pod-product-compliance
Lightning Source LLC
Chambersburg PA
CBHW021806230426
43669CB00008B/647